货币政策、债务期限结构与企业投资行为研究

Monetary Policy, Debt Maturity Structure, and Corporate
Investment Activities

钟 凯 著

经济管理出版社
ECONOMY & MANAGEMENT PUBLISHING HOUSE

图书在版编目（CIP）数据

货币政策、债务期限结构与企业投资行为研究/钟凯著. —北京：经济管理出版社，2020.6
ISBN 978-7-5096-7165-8

Ⅰ.①货… Ⅱ.①钟… Ⅲ.①货币政策—影响—上市公司—企业管理—研究—中国
②债务管理—影响—上市公司—企业管理—研究—中国 Ⅳ.①F279.246

中国版本图书馆 CIP 数据核字（2020）第 093144 号

组稿编辑：宋　娜
责任编辑：宋　娜　张馨予
责任印制：黄章平
责任校对：王淑卿

出版发行：经济管理出版社
　　　　　（北京市海淀区北蜂窝 8 号中雅大厦 A 座 11 层　100038）
网　　址：www. E-mp. com. cn
电　　话：(010) 51915602
印　　刷：唐山昊达印刷有限公司
经　　销：新华书店
开　　本：720mm×1000mm/16
印　　张：14.25
字　　数：204 千字
版　　次：2020 年 10 月第 1 版　　2020 年 10 月第 1 次印刷
书　　号：ISBN 978-7-5096-7165-8
定　　价：98.00 元

本书获国家自然科学基金青年项目"企业金融化与投资行为研究：基于产业公司设立私募基金的分析"（项目编号：71902028）、教育部人文社会科学研究青年基金项目"企业投融资期限结构错配的经济后果研究——基于企业风险视角的分析"（项目编号：19YJC630232）资助

序　言

　　博士后制度在我国落地生根已逾30年，已经成为国家人才体系建设中的重要一环。30多年来，博士后制度对推动我国人事人才体制机制改革、促进科技创新和经济社会发展发挥了重要的作用，也培养了一批国家急需的高层次创新型人才。

　　自1986年1月开始招收第一名博士后研究人员起，截至目前，国家已累计招收14万余名博士后研究人员，已经出站的博士后大多成为各领域的科研骨干和学术带头人。其中，已有50余位博士后当选两院院士；众多博士后入选各类人才计划，其中，国家百千万人才工程年入选率达34.36%，国家杰出青年科学基金入选率平均达21.04%，教育部"长江学者"入选率平均达10%左右。

　　2015年底，国务院办公厅出台《关于改革完善博士后制度的意见》，要求各地各部门各设站单位按照党中央、国务院决策部署，牢固树立并切实贯彻创新、协调、绿色、开放、共享的发展理念，深入实施创新驱动发展战略和人才优先发展战略，完善体制机制，健全服务体系，推动博士后事业科学发展。这为我国博士后事业的进一步发展指明了方向，也为哲学社会科学领域博士后工作提出了新的研究方向。

　　习近平总书记在2016年5月17日全国哲学社会科学工作座谈会上发表重要讲话指出：一个国家的发展水平，既取决于自然科学发展水平，也取决于哲学社会科学发展水平。一个没有发达的自然科学的国家不可能走在世界前列，一个没有繁荣的哲学社会科学的国家也不可能走在世界前列。坚持和发展中国特色社会主义，需要不断在实践中和理论上进行探索、用发展着的理论指导发展着的实践。在这个过程中，哲学社会科学具有不可替代的重要地位，哲学社会科学工作者具有不可替代的重要作用。这是党和国家领导人对包括哲学社会科学博士后在内的所有哲学社会科学领域的研究者、工作者提出的殷切希望！

中国社会科学院是中央直属的国家哲学社会科学研究机构，在哲学社会科学博士后工作领域处于领军地位。为充分调动哲学社会科学博士后研究人员科研创新的积极性，展示哲学社会科学领域博士后的优秀成果，提高我国哲学社会科学发展的整体水平，中国社会科学院和全国博士后管理委员会于 2012 年联合推出了《中国社会科学博士后文库》（以下简称《文库》），每年在全国范围内择优出版博士后成果。经过多年的发展，《文库》已经成为集中、系统、全面反映我国哲学社会科学博士后优秀成果的高端学术平台，学术影响力和社会影响力逐年提高。

下一步，做好哲学社会科学博士后工作，做好《文库》工作，要认真学习领会习近平总书记系列重要讲话精神，自觉肩负起新的时代使命，锐意创新、发奋进取。为此，需做到：

第一，始终坚持马克思主义的指导地位。哲学社会科学研究离不开正确的世界观、方法论的指导。习近平总书记深刻指出：坚持以马克思主义为指导，是当代中国哲学社会科学区别于其他哲学社会科学的根本标志，必须旗帜鲜明加以坚持。马克思主义揭示了事物的本质、内在联系及发展规律，是"伟大的认识工具"，是人们观察世界、分析问题的有力思想武器。马克思主义尽管诞生在一个半多世纪之前，但在当今时代，马克思主义与新的时代实践结合起来，越来越显示出更加强大的生命力。哲学社会科学博士后研究人员应该更加自觉地坚持马克思主义在科研工作中的指导地位，继续推进马克思主义中国化、时代化、大众化，继续发展 21 世纪马克思主义、当代中国马克思主义。要继续把《文库》建设成为马克思主义中国化最新理论成果宣传、展示、交流的平台，为中国特色社会主义建设提供强有力的理论支撑。

第二，逐步树立智库意识和品牌意识。哲学社会科学肩负着回答时代命题、规划未来道路的使命。当前中央对哲学社会科学愈加重视，尤其是提出要发挥哲学社会科学在治国理政、提高改革决策水平、推进国家治理体系和治理能力现代化中的作用。从 2015 年开始，中央已启动了国家高端智库的建设，这对哲学社会科学博士后工作提出了更高的针对性要求，也为哲学社会科学博士后研究提供了更为广阔的应用空间。《文库》依托中国社会科学院，面向全国哲学社会科学领域博士后科研流动站、工作站的博士后征集优秀成果，入选出版的著作也代表了哲学社会科学博士后最高的学术研究水平。因此，要善于把中国社会科学院服务党和国家决策的大智库功能与《文库》的小智库功能结合起来，进而以智库意识推动品牌意识建设，最终树立《文库》的智库意识和品牌意识。

第三，积极推动中国特色哲学社会科学学术体系和话语体系建设。改革开放 30 多年来，我国在经济建设、政治建设、文化建设、社会建设、生态文明建设和党的建设各个领域都取得了举世瞩目的成就，比历史上任何时期都更接近中华民族伟大复兴的目标。但正如习近平总书记所指出的那样：在解读中国实践、构建中国理论上，我们应该最有发言权，但实际上我国哲学社会科学在国际上的声音还比较小，还处于"有理说不出、说了传不开"的境地。这里问题的实质，就是中国特色、中国特质的哲学社会科学学术体系和话语体系的缺失和建设问题。具有中国特色、中国特质的学术体系和话语体系必然是由具有中国特色、中国特质的概念、范畴和学科等组成。这一切不是凭空想象得来的，而是在中国化的马克思主义指导下，在参考我们民族特质、历史智慧的基础上再创造出来的。在这一过程中，积极吸纳儒、释、道、墨、名、法、农、杂、兵等各家学说的精髓，无疑是保持中国特色、中国特质的重要保证。换言之，不能站在历史、文化虚无主义立场搞研究。要通过《文库》积极引导哲学社会科学博士后研究人员：一方面，要积极吸收古今中外各种学术资源，坚持古为今用、洋为中用。另一方面，要以中国自己的实践为研究定位，围绕中国自己的问题，坚持问题导向，努力探索具备中国特色、中国特质的概念、范畴与理论体系，在体现继承性和民族性、体现原创性和时代性、体现系统性和专业性方面，不断加强和深化中国特色学术体系和话语体系建设。

新形势下，我国哲学社会科学地位更加重要、任务更加繁重。衷心希望广大哲学社会科学博士后工作者和博士后们，以《文库》系列著作的出版为契机，以习近平总书记在全国哲学社会科学座谈会上的讲话为根本遵循，将自身的研究工作与时代的需求结合起来，将自身的研究工作与国家和人民的召唤结合起来，以深厚的学识修养赢得尊重，以高尚的人格魅力引领风气，在为祖国、为人民立德立功立言中，在实现中华民族伟大复兴中国梦的征程中，成就自我、实现价值。

是为序。

中国社会科学院副院长

中国社会科学院博士后管理委员会主任

2016 年 12 月 1 日

摘　要

随着宏观经济的波动加剧，货币政策作为重要的宏观经济政策之一，是各国政府调整宏观经济的重要手段。本书基于中国上市公司样本，主要探讨了货币政策对企业债务（或信贷）期限结构、流动性管理、投融资期限结构错配，以及企业创新投资的影响，为我国货币政策如何影响企业财务决策，进而作用于实体经济发展提供相应的经验证据。

首先，本书系统考察了货币政策对企业信贷期限结构的影响，以及信息透明度所具有的调节效应。研究发现，货币政策越紧缩，企业信贷期限结构越短，而信息透明度能够在一定程度上缓解银根紧缩的冲击。这表明货币政策对企业信贷融资的影响主要由供给主导，而非需求方的主动选择，同时阐明了信息透明度在信贷资源配置中发挥的重要作用，对深化我国银行业市场化改革具有重要的借鉴意义。

其次，本书系统研究了不同宏观货币政策环境下企业流动性管理对企业价值创造的影响。研究发现，货币政策对于流动性水平与企业价值创造之间的关系存在条件效应。随着货币政策紧缩程度的增加，保持较高流动性水平有助于降低股东与债权人之间的代理冲突，缓解融资约束，对企业价值创造具有积极效用，而随着货币政策的宽松，高流动性水平由于占用较多长期资金，增加了资金占用成本，损害了企业价值创造。结合融资约束、投资不足以及债务融资成本的分析，进一步验证了在不同货币政策时期，流动性水平对于企业价值创造所具有的"双刃剑"效应。

再次，基于"投资—短期贷款"敏感性以及构造的"短贷长投"变量，初步验证了"短贷长投"这种激进型投融资策略在我国企业经营实践中的客观存在，并且发现"短贷长投"对于公司业绩具有严重的负面效应，表明"短贷长投"主要是企业应对金融抑制的替代性机制，而非结合自身特征的自主决策结果；货币政策适度水平的提高不仅能够直接对"短贷长投"产生抑制效应，而且可以通过降低"短贷长投"对公司业绩的不利影响发挥间接作用。进一步分析发现，"短贷长投"可能通过加剧经营风险、引发非效率投资、提高财务困境成本等途径对公司业绩产生负面效应；考虑产权性质差异，非国有企业"短贷长投"行为相对更为严重，并且货币政策适度水平的提高对非国有企业"短贷长投"的影响更为显著。

最后，基于融资约束与融资来源视角，进一步探讨了宏观经济政策的重要组成部分——货币政策与财政补贴对企业创新投资的作用机理。研究发现，货币紧缩加剧了创新企业的融资约束，并使创新投资更依赖内部资金；财政补贴作为财政政策的重要组成部分，为企业创新投资提供了重要的融资支持，然而在货币紧缩时期，这一效应并未加强，主要是由货币紧缩的同时财政补贴下降所致。

本书研究表明我国货币政策对企业财务决策的影响主要通过供给渠道发挥作用，即货币政策通过影响企业融资决策，进而对投资行为发挥作用。本书拓展了宏观经济与微观企业行为之间互动关系的理论研究范畴，为我国货币政策调整的微观经济效应提供了更为深入的经验证据，对我国未来货币政策调整具有重要的借鉴意义。

关键词：货币政策；债务期限结构；流动性管理；资金期限错配；创新投资

Abstract

Monetary policy, as an important component of macroeconomic policies, serves as a main tool for government to adjust the macroeconemy. With the sample of Chinese listed firms, this study investigates the impact of monetary policy on debt maturity structure, liquidity management, mismatch of capital structure and corporate innovation investment. The findings are as follows.

First, this study investigates the influence of monetary policy on corporate debt maturity structure and the mediating effect of information transparency. Evidence shows that the tighter the monetary policy, the shorter the debt maturity structure and the information transparency could mitigate the negative impact of monetary tightening on debt maturity structure. This indicates that the impact of monetary policy on debt maturity structure is mainly determined by the supple side rather than the demand side and emphasizes the important role of information transparency in resource allocation.

Second, this study examines the effect of corporate liquidity management on firm value under different monetary policy. With the increasing tightness of monetary policy, higher liquidity ability could reduce the agency conflicts between shareholders and lenders, and the financing constraints, and create wealth for the firm. However, with the monetary policy getting looser, higher liquidity ability may take up more long-term capital and increase the financing costs, which will have a negative effect on firm value. In addition, the analyses based on financial constraints, under-investment and cost of debt suggest the double-edged sword effect of corporate liquidity on firm value under different monetary policy.

Third, based on the sensitivity between investment and short-term financing, this study verifies the aggressive financing strategy of investment with short-term financing in China preliminarily and finds that the aggressive financing strategy has a more negative effect on firm performance, which suggests that the aggressive financing strategy is an alternative mechanism in response to the financial suppression instead of a self-selected decision. The increasing moderation of monetary policy adjustment not only reduces the aggressive financing strategy directly, but also plays a mitigating role on the negative association between the aggressive financing strategy and firm performance. Further analysis shows that the increasing operating risk, inefficient investment, and financial distress may be the main channel through which the aggressive financing strategy has a negative effect on firm performance. As well, analysis regarding the nature of property right suggests that the aggressive financing strategy is more significant in non-state listed firms and the effect of the moderation of monetary policy is more pronounced in non-state listed firms.

Finally, we examine the effect of monetary policy and fiscal policy, the most important macroeconomic policies, on corporate innovation investment based on financial constraints and its sources. It shows that the financial constraints of innovative enterprises are increased with monetary contraction and innovation investments are more sensitive to internal cash flow. Government subsidy, an important part of fiscal policy, plays a supporting role in innovation investments. However, the association is not enhanced with monetary contraction due to the reduction of government subsidy.

Overall, the above study indicates that the supply side plays a dominant role with the implementation of monetary policy, which broadens the research about macroeconomic policy and corporate financial behavior and has implications for future monetary policy.

Keywords: Monetary policy; Debt maturity structure; Liquidity management; Mismatch of capital structure; Innovation investment

目 录

Contents

第一章　导　论

本章概要：本章主要介绍了本书的选题背景，同时界定了本书研究所涉及的相关概念，包括货币政策、债务期限结构、资金期限结构错配、创新投资等，并对本书的整体结构安排进行了概述。

关键词：研究背景　概念界定　研究创新

第一节　选题背景

一、现实背景

2008 年美国次贷危机重创了全球经济，引发了波及全球的"金融海啸"，造成了严重的流动性危机，使得众多金融机构与企业深陷财务困境。为缓解流动性危机，货币政策成为政府调节宏观经济的重要手段，各国通过实施积极的货币政策，以降低金融危机的流动性冲击。

在经济全球化的背景下，中国作为重要的新兴经济体在这场"金融海啸"中也未能幸免，"金融海啸"引发了一系列诸如对外贸易下降、失业率提高等负面效应，制约了经济增长。为缓解金融危机引发的流动性危机以及维护我国经济的可持续增长，货币政策成为我国政府调控宏观经济的重要手段之一，在一定程度上提高了市场流动性，缓解了"金融海啸"的冲击。然而，2010~2012 年，我国居民消费物价指数（CPI）居高不下，引发了较高的通货膨胀。为应对通胀压力，2011 年，我国中央银行又采取紧缩的货币政策，造成了金融市场"钱荒"，部分地区出现了企业家"跑路"现象，加剧了我国金融体系的系统性风险。"钱荒"的影响一直持续至今，尽管我国政府也意识到"钱荒"对经济发展存在严重的制约作用，应实施积极的货币政策，然而货币金融与实体经济的割裂问题并未得以解决，融资难、融资贵的问题依旧是阻碍我国实体经济稳定可持续发展的重要因素，资金紧张仍是我国企业经营中遇到的五大困难之一（中国企业家调查系统，2014）。

另外，我国政府逐渐意识到依赖于高消耗、高投入的传统经济发展方式已难以维持经济高速增长，因此提出经济发展"新常态"这一新经济发展方式，即在经济结构对称态的基础上维持经济的可持续发展。为实现经济发展"新常态"的要求，供给侧结构性改革便成为重要举措，这就要提高供给质量，推进结构调整，矫正要素配置扭曲，强调供给结构与需求变动的灵活性与适应性。货币政策作为重要的宏观经济政策，如何有效提供资金供给，对于促进经济发展"新常态"具有重要作用。

针对我国货币政策的实施效应，学者们对其效果如何却一直争论不休。一种观点认为积极的货币政策通过增加资金供给，降低融资成本与"金融歧视"[①] 等途径，有助于缓解我国企业的融资约束、提升投资效率（靳庆鲁等，2012）、促进经济增长；另一种观点则认为经济增长目标硬约束往往使得我国货币政策表现为过度调整（马草原和李成，2013），对促进经济增长并未发挥出理想的作用。本书则将视角关注于货币政策对企业债务期限结构的影响，首先研究货币政策对企业融资结构的影响；其次分析货币政策在企业流动性管理与价值创造中所具有的作用；而后将融资结构与投资进行结合，探讨货币政策如何作用于企业投融资资金期限结构错

---

① 此处"金融歧视"主要是指我国信贷资源配置在国有企业与非国有企业之间的非对称效应，即国有企业相对而言更易获取银行信贷资源。

配；最后聚焦于创新投资，考察货币政策是否会影响企业创新投资。

通过对上述问题的探讨，有助于深入理解我国货币政策如何影响企业债务期限结构与资金期限结构错配的问题，揭示货币政策调整如何作用于实体经济运行风险，对于加强货币政策与企业风险预期管理具有一定的借鉴意义。同时，阐明货币政策对企业创新投资的作用机理，为货币政策是否能够通过企业创新途径促进经济发展提供一定的经验证据。

二、理论背景

基于宏观环境进行企业财务决策是企业财务管理的基本要求之一，货币政策作为政府调节宏观经济的重要手段之一，对企业融资环境具有重要影响，是公司财务决策的重要依据。针对货币政策传导效应的研究，经济学家常将微观层面的传导机制假设成黑箱，而不加以详细分析；在探讨企业融资、投资等财务行为方面，财务学者往往仅关注微观企业层面的因素，却对宏观经济环境的关注相对较少，难以呈现整个货币政策传导机制的框架。因此，探讨货币政策如何影响企业财务行为能够搭建起宏观经济与微观企业联系的桥梁（见图 1-1），揭示货币政策发挥作用的微观传导机理，完善货币政策微观传导机制（姜国华和饶品贵，2011）。

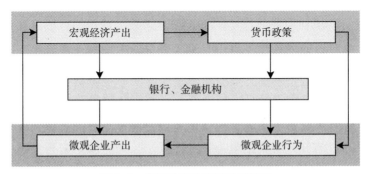

图 1-1　货币政策的传导机制循环

货币政策的传导机制主要包括信贷渠道与货币渠道（Bernanke &

Blinder，1992；Bernanke & Gertler，1995），货币政策一方面会通过控制银行信贷规模来影响微观企业行为及其产出，以实现宏观经济产出目标，另一方面会通过利率、汇率等价格手段影响货币供给，以此来影响微观企业的融资成本，实现宏观经济产出目标。对于我国经济发展而言，银行仍发挥着重要的主导作用（Ayyagari et al.，2010），针对货币政策的微观传导效应，我国学者基于信贷渠道进行了大量的研究（叶康涛和祝继高，2009；陆正飞等，2009；靳庆鲁等，2012；饶品贵和姜国华，2013a，2013b；李青原和王红建，2013），探讨货币紧缩对企业融资与投资的影响，为货币政策信贷传导机制提供了微观经验证据。

然而，多数研究缺乏针对债务期限结构、流动性管理、资金期限结构错配以及创新投资的分析，难以深入地反映货币政策对实体经济运行风险的作用过程，以及货币政策是否通过创新投资的路径促进经济发展。本书通过考察货币政策对企业融资结构、投融资期限结构错配以及创新投资的影响，拓展了宏观经济与微观企业行为之间互动关系的研究范畴，深入阐明影响企业融资结构、投融资期限结构错配以及创新投资的宏观经济因素。

第二节　相关概念界定

一、货币政策

货币政策主要指中央银行运用各项工具，调节货币供给量以调节市场利率，通过市场利率的变化影响资本投资，从而作用于宏观经济运行的各项方针、举措的总称。货币政策主要表示为宽松与否（饶品贵和姜国华，2013a，2013b），或者是货币供给量多少（段云和国瑶，2012；靳庆鲁等，2013），本书通过货币政策宽松与否或是货币供给量的多少来探讨货币政策宽松或是紧缩对企业经营决策的影响，以期反映货币政策调整的微观效应如何作用于我国宏观经济发展。

二、债务期限结构

债务期限结构主要指企业债务融资来源中长期债务与短期债务之间的比例，它是影响企业流动性风险的重要因素。债务期限结构是企业与债权人之间信贷契约的重要条款之一，对债务履约成本及债权人面临的违约风险具有重要影响。债务期限越长，银行等债权人面临的违约风险越高，对企业进行监督的成本越大。

三、资金期限结构错配

资金期限结构安排主要指企业如何安排投资所需资金与融资来源资金期限结构之间的匹配关系。一般而言，企业投资活动应由长期融资来源资金支持，但在企业经营实践中存在资金期限结构错配现象——利用短期融资来源资金支持长期投资活动，即"短融长投"。Kahl 等（2015）认为，"短融长投"这种资金期限结构错配安排可以有效降低融资成本，对公司业绩具有积极效应。然而钟凯等（2016）则认为，"短融长投"的资金期限结构安排会加剧企业的偿债压力与流动性风险，对企业发展不利。白云霞等（2016）基于制度环境解释了上述观点的分歧所在：在美国等发达资本市场环境下，融资渠道广泛，企业能够依据自身状况选择有利的融资安排；而中国企业的"短融长投"主要是由于不完备的金融市场结构、不合理的利率期限结构以及不稳定的货币政策造成的。

四、创新投资

创新投资主要指企业为进行技术创新活动而发生的相关开支，具体包括研发活动直接消耗的材料、燃料和动力费用；企业在职研发人员的工资、奖金、津贴、补贴、社会保险费、住房公积金等人工费用以及外聘研发人员的劳务费用；用于研发活动的仪器、设备、房屋等固定资产的折旧费或租赁费以及相关固定资产的运行维护、维修等费用；用于研发活动的软件、专利权、非专利技术等无形资产的摊销费用；用于中间试验和产品试制的模具、工艺装备开发及制造费，设备调试及检验费，样品、样机及一般测试手段购置费，试制产品的检验费等；研发成果的论证、评审、验收、评估以及知识产权的申请费、注册费、代理费等费用；通过外包、合作研发等方式，委托其他单位、个人或者与之合作进行研发而支付的费用；与研发活动直接相关的其他费用，包括技术图书资料费、资料翻译费、会议费、差旅费、办公费、外事费、研发人员培训费、培养费、专家咨询费、高新科技研发保险费用等。

第三节　研究创新

通过探讨货币政策对企业融资决策与投资行为的影响，本书在如下方面具有一定的理论贡献与实践意义。

一、理论价值

第一，本书通过深入分析货币政策对企业融资结构、流动性管理、投融资期限结构错配以及创新投资的影响，揭示了我国货币政策的微观效应与传导机理，对于我国货币政策微观效应以及货币政策传导机理的研究做出了一定补充。首先，已有的针对货币政策微观效应的研究主要关注货币政策对企业融资规模、融资成本的影响，未深入探究货币政策与融资结构之间的关系，本书结合融资结构探讨货币政策微观效应，并深入挖掘融资结构变化对企业投资行为的影响，这是对货币政策微观效应研究的重要补充；其次，通过对企业融资决策与投资行为的综合分析，深入验证了货币政策的微观传导机理主要由供给主导，即货币政策通过影响企业融资决策进而影响投资行为，而非通过作用于企业投资机会进而影响投资行为。

第二，本书在探讨货币政策微观效应的同时，重点关注企业投融资期限结构错配问题，将企业投资行为与融资决策统筹分析，深入揭示货币政策对我国企业投融资期限结构错配的影响。企业财务管理实践中要求企业重视投融资期限匹配问题，可是已有针对企业融资决策与投资行为的研究较少将二者综合考虑，未深入探究引起我国企业投融资期限结构错配的成因及经济后果。本书在探讨货币政策对企业财务行为的影响过程中，重点分析了货币政策对企业投融资期限结构错配的影响。一方面，深入阐明"短贷长投"的投融资期限结构错配对于企业价值创造具有负面作用，并且货币政策非适度调整是引发我国企业投融资期限结构错配的重要宏观诱因，揭示了我国企业投融资期限结构错配的成因与经济后果；另一方面，对投融资期限结构错配研究进行重要补充，说明在我国现有制度环境下，企业投融资期限结构错配并不能像美国市场发现的那样为企业带来积极效应，反而加剧了企业的流动性风险，对于企业长期稳定的发展具有不利影响。

第三，本书在分析货币政策对企业投资行为的影响中，进一步考虑货币政策对创新投资的影响，并发现，与财政政策相比，货币政策与企业创新投资之间较为独立，财政补贴对企业创新投资的支持作用更强。通过结合创新投资的分析，拓展了货币政策微观效应的研究框架，说明仅仅依赖货币政策手段难以对企业创新投资发挥积极作用。

二、实践意义

第一，本书的研究对于货币政策的制定与实施具有重要的借鉴意义。研究发现货币政策是影响企业融资决策与投资行为的重要因素，通过结合融资期限结构与投融资期限结构错配的分析，深入阐明了货币政策主要通过供给渠道发挥作用，即货币政策影响企业融资决策进而作用于投资行为。我国货币政策的制定与实施需要密切关注货币政策对企业融资决策的影响，尤其是融资结构问题，避免由于货币政策调整而引起的流动性风险。同时，注重货币政策对企业投资行为的影响，通过货币政策有效调节企业融资活动，发挥货币政策对实体经济的支持作用。

第二，本书的研究对于"去杠杆"政策的落实具有重要的参考价值。通过探究货币政策的微观效应，有助于深刻理解如何落实"去杠杆"政策，避免采取"大水漫灌"式的刺激方式，加强金融风险防范。具体而言，在落实"去杠杆"政策的过程中，需要加强政策的前瞻性、灵活性、稳定性与有效性，通过实施稳健的货币政策，强化货币供给管理，保持流动性水平维持在合理区间，减少货币的流通环节，有效配合"去杠杆"政策，从而优化企业融资结构，防范系统性金融风险。

第三，本书的研究对于企业如何应对宏观经济波动风险具有一定指导作用。货币政策是影响企业融资决策与投资行为的重要因素，如何防范宏观经济政策波动所带来的流动性风险是企业长期稳定经营的重要保障。因此，企业需要建立有效的风险管理体系，加强针对宏观经济环境与政策的预期管理，优化企业融资结构，建立相应的风险对冲机制，避免宏观经济波动引发的流动性风险，促进企业长期稳定健康发展。

第四节　本书结构安排

本书首先对宏观经济与微观企业行为互动关系的研究进行回顾与梳理；然后分析货币政策对企业债务期限结构的影响，并考察信息透明度所发挥的调节效应；接着考察货币政策在企业流动性管理与价值创造中具有的作用；而后探讨货币政策对投融资资金期限结构错配问题的作用机理，以期解释货币政策是否会影响企业财务风险；最后研究货币政策是否影响企业创新投资，以阐明货币政策是否会通过企业创新投资的渠道作用于经济发展。

本书重点研究的内容如下：

（1）宏观经济与微观企业财务行为互动关系回顾；

（2）货币政策、信息透明度与企业信贷期限结构；

（3）货币政策、流动性管理与企业价值创造；

（4）货币政策、资金期限结构错配与企业业绩；

（5）货币政策、财政补贴与企业创新投资。

第二章 宏观经济与微观企业财务行为互动关系回顾

本章概要：本章系统回顾了宏观经济与微观企业财务行为之间互动关系的相关研究，梳理了金融危机、经济周期、抵押价值等宏观经济环境，以及货币政策、财政政策、产业政策、经济政策不确定性等宏观经济政策对微观企业财务行为的影响。基于会计信息的宏观预测价值、会计信息与整体资本市场波动两个视角，详细阐述了如何通过微观企业财务数据预测宏观经济产出，并提出了未来可供选择的研究方向与议题。本章对宏观经济与微观企业财务行为互动关系的研究，对宏观经济政策制定与企业财务决策具有重要的参考价值和指导意义。

关键词：宏观经济环境；宏观经济政策；财务行为

第一节 引言

宏观经济作为企业生产经营面临的重要外部环境之一，其如何影响企业财务决策一直以来是学者与企业家关注的重点议题，尤其在 2008 年金融危机爆发之后，宏观经济的不确定性加剧，各项宏观经济政策不断推出，使得企业决策面临的外部环境更为复杂，因而探究宏观经济对微观企业财务行为的作用机理，对于降低企业经营风险、维护实体经济稳定发展、促进宏观经济增长至关重要。与此同时，微观企业财务行为也是宏观经济政策制定与实施的基础，如何通过观测微观企业财务数据，及时、准确地预测宏观经济运行状况，为宏观经济政策制定提供数据支持，具有重要的指导意义。

早期宏观经济学研究与公司财务研究较为割裂，前者主要通过构造相关理论模型解释宏观经济投入如何引致宏观经济产出变化，包括经济增长、就业水平等，却未能深入解释如何通过微观企业财务行为这一路径发挥作用；后者则主要基于公司层面探讨企业财务管理的相关问题，却较少考虑宏观经济的作用。随着金融危机的爆发，宏观经济对企业财务风险的影响越来越大，而企业财务行为也将反作用于宏观经济发展，影响宏观经济产出。因此，近些年，不少知名学者强调重视宏观经济与微观企业行为之间的互动关系，探寻其中的传导机理（Kothari et al.，2006；Sadka & Sadka，2009；Campello et al.，2010；Duchin et al.，2010；Kahle & Stulz，2013；Konchitchki & Patatoukas，2014a，2014b；McLean & Zhao，2014；靳庆鲁等，2008；姜国华和饶品贵，2011；王化成，2017）。

通过对已有宏观经济与微观企业财务行为互动关系研究的梳理，我们按照"宏观—微观"与"微观—宏观"两个领域将已有研究梳理为如下几个视角。首先，对于"宏观—微观"研究领域，现有研究主要从金融危机、经济周期、抵押价值等宏观经济环境，以及货币政策、财政政策、产业政策、经济政策不确定性等宏观经济政策，探讨宏观经济对微观企业财务行为的影响机理。其次，对于"微观—宏观"研究领域，现有研究主要从会计信息的宏观预测价值以及会计信息与整体资本市场波动的关系两个方面进行探讨。图2-1梳理了宏观经济与微观企业财务行为互动关系的研究。

下面我们将分别针对"宏观—微观""微观—宏观"两个领域的研究进行回顾与述评，以期揭示宏观经济与微观企业财务行为之间互动关系的相关影响路径，并对未来宏观经济与微观企业财务行为互动关系的研究提出相关建议。

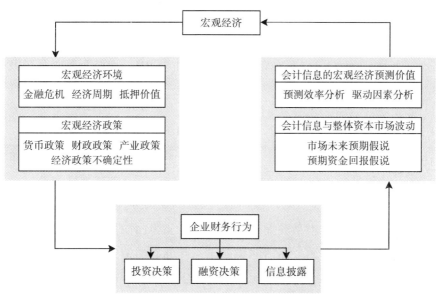

图 2-1　宏观经济与微观企业财务行为互动关系的研究

第二节　宏观经济环境—微观企业行为

　　针对宏观经济如何作用于微观企业财务行为,即"宏观—微观"领域的研究,已有研究主要基于金融危机、经济周期、抵押价值等宏观经济环境视角,以及货币政策、财政政策、产业政策、经济政策不确定性等宏观经济政策视角加以分析。下文将分别针对上述视角的研究进行详细回顾,通过梳理宏观经济影响微观企业财务行为的作用路径,既能够为企业家经营决策提供决策依据,又能为政策制定与监管部门提供有效借鉴。

一、宏观经济环境

1. 金融危机

金融危机对微观企业财务行为的影响一方面体现在企业面临较强的流动性危机，融资约束加剧；另一方面体现为资本投资水平下降。

首先，针对融资约束，已有研究分别结合银行等金融机构与企业行为的变化，探讨金融危机是否会加剧流动性风险，引发融资约束。结合对银行等金融机构的考察，Acharya 和 Naqvi（2012）发现银行内部的薪酬考核机制造成了其职员在贷款中愿意承担更多的风险；在银行外部，宏观经济风险增加时，投资者会降低直接投资，而持有更多银行存款，造成银行流动性不足；Berger 和 Bouwman（2013）发现较高的资本金水平有助于降低金融危机对银行等金融机构的冲击，这表明过多依赖短期融资来源是银行系统流动性不足、诱发金融危机的原因之一。结合企业视角的考察，Campello 等（2010）通过访谈 1050 位来自美国、欧洲、亚洲非金融公司的 CFO，发现金融危机之后，企业投资支出、科技支出与人员雇用支出明显下降，并且在融资约束企业样本中表现得更为显著，企业只能通过利用内源融资、消耗授信、出售固定资产或推迟投资等非常规方式满足投资需求。另外，诸多研究基于流动性供给视角，如现金持有（Song & Lee，2012）、银行授信（Campello et al.，2011）、商业信用（Garcia-Appendini & Montoriol-Garriga，2013）、分配政策（Bliss et al.，2015）[①]、财务柔性（曾爱民等，2013）等，发现上述流动性供给要素在金融危机期间提升，有助于降低金融危机的冲击，间接验证了金融危机引发企业流动性危机，加剧了融资约束。

其次，针对资本投资，已有研究也主要从银行等金融机构以及企业两

---

① 分配政策主要是指股利政策与股票回购，降低股利分配与股票回购能够降低企业现金流出，对企业而言可以看作流动性供给。

个视角进行探讨。结合银行等金融机构投资决策的分析，Ivashina 和 Scharfstein（2010）发现在 2007~2008 年金融危机时期，新增贷款下降幅度约为 50%，并且短期借款的续借更为困难，较易获取存款资金的银行其对外信贷下降程度相对较低；Cornett 等（2011）进一步发现在 2007~2009 年金融危机期间，拥有更多核心存款（Core Deposit）① 以及权益资金的银行会继续向同业借款，而非流动性资产水平较高的银行，则会降低对外借款；梁琪和余峰燕（2014）则结合中国金融机构的分析也发现，在金融危机时期，金融机构的决策更为谨慎。结合企业视角的分析，Duchin 等（2010）发现金融危机导致了企业资本投资下降，并且持现水平较低、债务期限较短、较为依赖于外部融资的企业在金融危机期间资本投资水平下降更为显著；Campello 等（2010）的访谈也验证了融资约束加剧使得企业推迟或减少投资。然而，Kahle 和 Stulz（2013）虽然也发现金融危机期间企业资本投资下降，但是依赖于银行贷款的公司资本支出水平下降并不十分明显，并且金融危机前资产负债率的企业，在金融危机期间资本支出下降更为显著，据此推断金融危机导致了市场需求下降，从而促使企业降低资本投资。

2. 经济周期

经济周期对企业财务决策的影响首先体现在投融资决策影响企业的融资约束与资本投资上；其次企业会依据经济周期波动调整相应的信息披露策略，进而影响资本市场股票估值变动。

首先，针对投融资决策，诸多研究基于"投资—现金流"敏感性、"投资—投资机会"敏感性、"现金—现金流"敏感性、内外部资金之间的替代关系等，发现经济周期下行加剧了企业融资约束，进而影响企业资本投资决策。

结合"投资—现金流"敏感性、"投资—投资机会"敏感性的分析，McLean 和 Zhao（2014）发现在经济萧条时期，"投资—现金流"敏感性增

① 核心存款（Core Deposit）主要是指没有明确到期日的存款。

加，而"投资—投资机会"敏感性下降，这说明在经济不利环境下，由于融资约束的存在，企业无法结合投资机会进行有效投资，并且这种效应主要是由经济萧条时期股权融资数量下降所致；苏冬蔚和曾海舰（2011）基于中国的样本也发现了类似证据，即经济上行时，企业融资体现为"股权—债务"偏好，而经济下行时，体现为"债务—股权"偏好。

结合"现金—现金流"敏感性的分析，Almeida 等（2004）发现宏观经济萧条时期，融资约束公司样本的"现金—现金流"敏感性增加，表明企业会储备更高流动性的现金以应对宏观经济冲击；进一步，基于内外部资金之间的替代或者互补关系，Almeida 和 Campello（2010）发现融资约束公司内外部融资之间表现为一定的互补关系，并且这一互补关系在宏观经济萧条时期增强，表明在经济萧条时期，企业有动机增加资金储备以应对宏观经济冲击。

此外，基于资本结构的视角，Korajczyk 和 Levy（2003）认为，对于非融资约束企业，其目标资本结构与宏观经济呈现逆周期效应，而融资约束样本与经济周期呈现顺周期效应，并发现非融资约束企业会有效利用宏观经济周期提供的有利契机进行择时选择，降低融资成本。

其次，针对信息披露决策，一方面宏观经济周期会对企业信息披露行为产生直接影响，另一方面信息披露对于缓解宏观经济冲击具有间接效应。此外，宏观经济周期也是影响资本市场股票估值的重要因素之一。

对于宏观经济周期与信息披露之间的直接效应，Cohen 和 Zarowin（2007）突破了以往关于盈余管理研究仅关注于公司特征的影响，利用实际经济总产出增长（Real Output Growth）与股票市场水平来衡量经济环境，以及满足盈余目标的倾向衡量盈余管理，发现市场总体 PE 比率（市盈率）越高，盈余管理程度越高，而且这一关系并不是由公司特征的变化所引起的，这表明宏观经济环境是企业盈余管理的影响因素之一。Trombetta 和 Imperatore（2014）则为此提供了更为深入的证据，他们发现宏观经济环境与企业盈余质量呈现一种非线性关系，即在宏观经济环境轻度萧条时，外部不确定性增加，企业高管不愿意采取较为激进、对企业生存产生严重威胁的冒险行为；而在宏观经济环境严重萧条时，外部环境恶劣，企业生存面临严重的压力，为使企业"乱中求生"，高管只得"背水一战"，更倾向于采取较为激进的盈余管理行为。陈武朝（2013）基于中国上市公司样本发现，周期性行业公司在经济收缩期盈余管理幅度更大，部分支持了 Trombetta 和 Imperatore（2014）的观点。基于自愿披露视角，Bonsall 等（2013）则提供了来自管理层盈余预测的证据，发现企业披露的管理层盈余预测中不仅包含公司特质信息，还包含宏观经济的有关信息。

对于信息披露应对宏观经济冲击所发挥的间接效应，Erel 等（2012）发现在经济环境萧条时，信用质量对企业融资能力来说极为重要，具有投资评级的公司融资呈现逆周期效应，而非投资评级公司融资呈现顺周期效应，说明在经济环境不利时，资金供给方会进行安全投资转移（Flight to Quality），投资于质量更高的证券，支持了在不同经济环境下，资金供给方对企业融资的主导作用这一观点；Biddle 等（2009）基于投资效率视角，发现信息质量较高企业能够有效抵御宏观经济波动对企业投资效率的冲击，表明信息披露有助于降低宏观经济周期波动给企业带来的负面效应。

最后，针对宏观经济周期如何影响资本市场股票定价的研究，一方面要探讨宏观经济周期如何影响资本成本即贴现率，另一方面要考察宏观经济周期如何影响资本市场投资者的预期，从而阐明宏观经济周期对资本市场股票定价的影响。基于资本成本即贴现率视角的探讨，Flannery 和 Protopapadakis（2002）利用 GARCH 模型检验，发现股票市场回报与通胀水平和货币增长水平显著相关；Gilbert（2011）分析了宏观经济信息发布以及宏观经济信息修正的市场反应，发现宏观经济信息披露引起了股票市场的显著反应，并且宏观信息修正在经济扩张时期更多，而投资者也会充分利用这些修正信息；Savor 和 Wilson（2013）基于通胀水平、失业率、利率水平提供了类似的证据。基于投资者预期视角的考察，Basu 等（2010）基于分析师预测视角，发现分析师预测会考虑宏观经济通胀水平，然而由于投资者会低估通胀对未来盈余变化的影响，引发资本市场的漂移现象（Post-earnings Announcement Drift）；Kim 和 Qi（2010）发现在经济扩张时期，应计质量（Accruals Quality）会获取风险溢价；Li 等（2014）则基于全球样本发现如果盈余预测中包含所在国家的宏观经济信息，则会产生超额股票回报。

3. 抵押价值

资产价格波动会引起资产可抵押价值的变化（Collateral Value），而由于资本市场的不完备性，资产可抵押价值能够在一定程度上缓解资本市场信息不完备的缺陷（Stiglitz & Weiss，1981）。

首先，部分研究将视角聚焦于资产可抵押价值在债务契约中的作用，Gan（2007）基于日本房地产市场泡沫破裂的自然实验背景，发现房地产价格下降导致企业更难获取融资支持；Campello 和 Giambona（2013）发现，在信用市场摩擦程度较高时，资产可抵押价值是决定资本结构的重要驱动因素；Cvijanovic（2014）则进一步对此加以量化，发现预期不动产价格每提高 1 个标准差，会引起资产负债率提高 3 个百分点，并且债务契约具体条款也会依据资产可抵押价值的变化进行相应调整，进一步说明资产可抵押价值在缓解资本市场信息不完备过程中所发挥的重要作用。

其次，资产可抵押价值波动在影响企业融资的同时，作用于资本投资。Gan（2007）发现日本房地产价格下降在引发债务融资下降的同时，也导致了资本投资减少；Chaney 等（2012）则进一步发现每 1 美元资产可抵押价值的变化会引起 0.06 美元资本投资的变化，表明资产可抵押价值变化会通过融资渠道作用于企业资本投资行为，进而影响实体经济发展。

再次，资产可抵押价值还发挥着"信用加速器"的作用，有助于增加资本投资。假定企业利用 1 万美元投资于一项资产，该资产可抵押价值为 0.8 万美元，企业可以利用该抵押价值向银行等金融机构借款 0.8 万美元，并可利用借来的 0.8 万美元继续进行投资，因此实际上，企业利用 1 万美元进行了 1.8 万美元的资本投资。Almeida 等（2004）发现融资约束公司的资产可抵押价值越高，"投资—现金流"敏感性越高，而资产可抵押性在非融资约束企业并不具有该效应；进一步，Almeida 和 Campello（2010）发现，资产可抵押价值越高，融资约束公司外部融资与经营活动现金流之间的互补关系越强，进一步验证了资产可抵押性发挥着一定的"信用加速器"效应。

最后，资产可抵押价值波动也会促使企业采取积极主动的措施来应对资产价格波动的冲击。Balakrishnan 等（2014）发现，在面临不动产价格下降导致资产可抵押价值缩水的情形下，企业会主动提高信息披露水平，以便缓解资产价格下降对企业投融资行为所带来的不利冲击；而信息质量的提高能够在一定程度上缓解资产可抵押价值下降造成的不利影响（Chen et al.，2013；Balakrishnan et al.，2014）。

二、宏观经济政策

1. 货币政策

货币政策作为各国政府调节宏观经济发展的重要手段，通过控制信贷规模、存款准备金比率、利率调控等货币政策工具应对经济波动，其作用机制以及效果如何也成为企业家、理论学者与政策制定者关注的焦点。

主流观点认为货币紧缩加剧了企业融资约束，对企业经营绩效存在负面效应，并且由于"金融歧视"的存在，引发了信贷资源配置效率低下。靳庆鲁等（2008）针对我国货币政策如何影响企业经营绩效提供了直接证据，发现宽松的货币政策与公司会计业绩和股票回报显著正相关；陆正飞等（2009）进一步发现，由于"金融歧视"的存在，货币紧缩会造成民营企业股票回报下降。随后众多学者针对货币政策通过哪些机制影响公司绩效进行了深入探讨，并认为货币紧缩会降低信贷供给（叶康涛和祝继高，2009；饶品贵和姜国华，2013b）、提高融资成本（李志军和王善平，2011；王雄元等，2015）、加剧融资约束（靳庆鲁等，2012；黄志忠和谢军，2013）、引发非效率投资（喻坤等，2014）、招致资金错配（白云霞等，2016），这均表明货币政策主要通过作用于企业融资决策途径影响实体经济发展，并且在中国信贷配给制度环境下，货币紧缩可能会进一步加剧"金融歧视"，导致信贷资金配置效率低下。代冰彬和岳衡（2015）则将研究视角聚焦于资本市场，发现货币紧缩会导致市场流动性不足，从而引发股价暴跌，表明货币紧缩导致资金供给下降，加剧资本市场波动。此外，还有研究结合中国货币政策合意规模管制（于泽等，2015）、利率传导体制内外差异（钱雪松等，2015）、货币政策适度水平（钟凯等，2016b），发现合意规模管制、利率传导体制内外差异、非适度调整等使货币政策并未能有效提升资金配置效率。

对于企业如何应对货币政策紧缩冲击，部分研究将视角聚焦于替代性融资方式。基于内源融资视角，祝继高和陆正飞（2009）发现紧缩货币政策时期，高成长性企业会增加现金持有以满足未来投资需求；陈栋和陈运森（2012）则在此基础上发现，建立银行股权关联能够降低货币紧缩与企业现金持有水平之间的敏感性。基于外部融资视角，在我国高度抑制的金融环境下，商业信用发挥着信贷资源的二次配置功能，成为企业融资的替代性方式（王彦超，2014），并且在货币紧缩时期，商业信用的融资效应更加明显（陆正飞和杨德明，2011；饶品贵和姜国华，2013a）。另有部分研究将视角聚焦于影响货币政策传导的相关调节因素，并发现信息披露质量（李志军和王善平，2011；饶品贵和姜国华，2011；钟凯等，2016a）、区域金融发展（黄志忠和谢军，2013）、资产可抵押性（李青原和王红建，2013）等因素有助于降低货币紧缩给企业融资带来的冲击。

2. 财政政策

财政政策是国家通过财政支出与税收政策影响和调节总需求进而影响就业和国民收入的政策。针对财政政策如何影响企业财务行为，已有研究主要关注于财政补贴以及税收政策对企业财务决策的影响，以说明财政政策是否有助于提升资源配置效率。

结合财政补贴视角分析，已有研究主要基于企业层面探讨财政补贴资金的使用效率。一方面财政补贴资金能够补偿企业创新面临的风险，为企业创新投资提供资金支持（Branstetter & Sakakibara，2002；白俊红，2011）；另一方面财政补贴却增加了企业的寻租行为（Lee et al.，2014；余明桂等，2010），并未能有效支持企业创新投资（冯宗宪等，2011；廖信林等，

2013)，甚至可能存在一定的挤出效应（Wallsten et al.，2000）。

结合税收政策视角分析，已有研究主要基于税收改革的"自然实验"，关注税负的变化，分析税收政策对企业财务决策的影响。其中，针对所得税改革的研究发现，所得税改革是影响企业盈余管理（王跃堂等，2009；李增福等，2011；王亮亮，2014）、资本结构与债务融资（王跃堂等，2010；刘行等，2017）、企业创新（林洲钰等，2013）等企业财务决策的重要因素；而针对增值税改革以及"营改增"的研究发现，增值税改革以及"营改增"能够缓解融资约束（罗宏和陈丽霖，2012），提高企业投资水平与投资的价值相关性（许伟和陈斌开，2016；万华林等，2012），促进专业化分工（陈钊和王旸，2016），从而影响企业财务决策。

3. 产业政策

产业政策作为引导国家产业发展方向、推动产业结构升级调整、优化经济发展结构的重要政策，主要通过制定国民经济计划、产业结构调整计划、产业扶持计划等方式加以落实，是影响资金配置的重要因素。针对产业政策的微观传导机制，已有研究主要提出了通过信贷融资渠道与投资机会渠道，深入探讨产业政策的微观效应（黎文靖和李耀淘，2014）。

针对产业政策的信贷融资渠道，现有研究主要认为产业政策会加大针对信贷资金配置的干预，促使信贷资金流向被扶持产业，受产业政策支持的企业能够获得更多的银行信贷资源支持，从而作用于企业财务决策。基于融资视角的分析发现，受产业政策支持的企业能够获得更多的银行信贷资金支持（Chen et al.，2017；连立帅等，2015；何熙琼等，2016）；祝继高等（2015a）发现未受产业政策支持的企业有较强的动机与银行建立关联，从而减少债务融资波动，这间接表明产业政策通过信贷融资渠道发挥作用。针对产业政策是否有助于提升投资效率，已有研究并未达成一致观点，何熙琼等（2016）认为产业政策能够为受产业政策支持的企业提供信贷融资，促进企业投资效率的提升；然而，Chen 等（2017）则认为产业政策会导致国有企业的过度投资行为，并且对民营企业投资存在挤出效应；祝继高等（2015b）也发现银行关联董事对于抑制过度投资的监督效应仅在产业政策不支持行业的企业中能够发挥作用，间接支持了产业政策很可能会导致非效率投资。

针对产业政策的投资机会渠道，现有研究主要认为产业政策通过政府行政手段调节产业的生产经营活动，受产业政策支持的企业具有较多的投资机会，从而影响企业财务决策。张新民等（2017）发现产业政策并未减少受产业政策支持企业的融资约束，原因在于此时具有较多的投资机会，企业投资于产业政策支持行业的意愿增加，为产业政策的投资机会渠道提供了证据支持。结合现金持有效应的分析，陆正飞和韩非池（2013）发现受产业政策支持企业的现金持有具有较强的市场竞争效应与价值效应，这进一步印证了产业政策通过投资机会渠道影响企业财务决策。

此外，国家推出产业政策的目的在于促进产业创新，激发企业创新投资，以推动产业结构调整，因此诸多研究深入考察了产业政策对于促进企业创新是否具有积极效应，却未达成一致观点。余明桂等（2016）发现产业政策主要通过市场竞争机制等方式促进产业政策鼓励行业的企业技术创新，支持了产业政策对企业创新具有积极影响的观点；可是，黎文靖和郑曼妮（2016）结合不同创新方式的分析发现产业政策刺激了"策略性创新"，而非"实质性创新"，即非发明专利的增加在一定程度上表明产业政策很可能会加剧企业的寻租行为，并没有发挥积极效应。

4. 经济政策不确定性

关于经济政策不确定性，已有研究一方面基于 Baker 等（2013）提出的经济政策不确定性指数，探讨经济政策不确定性对企业财务决策的影响，另一方面则分析政府官员变更所引发的政策不确定性如何作用于企业财务行为。

（1）经济政策不确定性指数。经济政策不确定性指数的构建主要来自三个层面，包括媒体关于经济政策不确定性的报道、税收不确定性、货币与财政不确定性。基于该指数，Gulen 和 Ion（2016）利用美国企业样本，将资本投资作为一项期权，发现经济政策不确定性由于增加了资本投资的等待价值，从而导致企业资本投资下降；李凤羽和杨墨竹（2015）则利用中国上市公司样本也提供了类似证据，表明经济政策不确定性对于实体经济发展具有一定的抑制作用。饶品贵等（2017）则进一步结合投资效率加以分析，不仅验证了 Gulen 和 Ion（2016）、李凤羽和杨墨竹（2015）的研究发现，而且还发现随着经济政策不确定性的增加，企业投资效率提高，表明在经济政策不确定性时期，企业投资决策会更加重视并考虑经济因素。另外，基于 GARCH 模型，王义中和宋敏（2014）构造了宏观经济不确定性的测度变量，并发现宏观经济不确定性通过外部需求、流动性资金需求以及长期资金需求的渠道影响企业投资行为，而且在宏观经济不确定性较高时期，外部需求、流动性资金需求渠道对企业投资的促进作用减弱。

此外，还有部分研究探讨了经济不确定性对企业现金持有的影响，韩立岩和刘博研（2011）、王红建等（2014）分别利用 GARCH 模型构造的经济不确定性指数以及 Brogaard 和 Detzel（2015）提供的经济不确定性指数[1]，发现在经济不确定性环境下，企业持有现金有助于缓冲经济不确定性的冲击，现金持有价值提升。

对于经济政策不确定性的资本市场效应，Pastor 和 Veronesi（2012）认为经济政策变化会导致股价下降，经济政策不确定性越高，股价下降幅度越大，而 Pastor 和 Veronesi（2013）则进一步发现股价下降是由风险溢价提升所导致的。Brogaard 和 Detzel（2015）发现经济政策不确定性指数变化一个标准差，则预期未来 3 个月会变动约 1.5% 的超额回报，这表明经济政策不确定性是股票市场中的重要风险因素之一。

（2）政府官员变更。基于政府官员变更视角的研究认为，由于不同政府官员对经济政策的观点或偏好存在较大差异，因而政府官员变更将导致经济政策的不确定性加剧，从而对企业财务决策以及资产定价产生显著影响（Julio & Yook，2012；An et al.，2016；Kelly et al.，2016；杨海生等，2014；罗党论等，2016；陈德球等，2016）。

首先，基于企业财务决策的研究，与前述基于经济政策不确定性指数

---

① Brogaard 和 Detzel（2015）的研究也是基于 Baker 等（2013）构造的经济政策不确定性指数。

的研究一致，Julio 和 Yook（2012）也发现在选举年份，政策不确定性加剧、资本投资的等待价值更高，因而会导致企业投资水平下降约 4.8%；An 等（2016）基于中国地方官员变更的研究也发现了类似的证据。结合税收规避视角的研究，陈德球等（2016）发现政府官员变更导致的政策不确定性会使企业的税收规避行为增加，且现金持有更高，在一定程度上表明企业储备资金很可能是政策不确定性时期投资等待价值更高所致。基于企业风险视角的探讨，罗党论等（2016）发现政府官员变更加剧了企业面临的风险，间接支持了在政府官员变更所导致的经济政策不确定性环境下，资本投资的等待价值更高。

其次，关于政府官员变更对资产定价的影响，Kelly 等（2016）发现政府官员变更所引起的政策不确定性对期权定价有显著影响，在政府官员变更时期期权价格相对更高，以此来应对政治事件所带来的不确定性，而且这一效应还可能传染至其他国家；结合地方债发行的探讨，罗党论和佘国满（2015）发现政府官员更替所引发的不确定性会降低地方债的发行概率，发债规模减小，且发债成本增加，这表明政府官员变更引起的不确定性增加了市场风险，从而对资产定价产生显著影响。

最后，也有研究认为政府官员变更对企业财务决策的影响主要由政府官员锦标赛效应所引起（周黎安，2007），而非经济政策不确定性引起的不确定性预期所致，即地方官员更替导致辖区企业资本投资增加，投资效率下降（陈艳艳和罗党论，2012）。杨海生等（2014）进一步发现政府官员变更对经济增长具有负面效应，并且结合财政政策与信贷政策渠道解释了政府官员变更对地区企业投资的影响机理。可见，政府官员变更对企业财务决策的影响也可能受政府官员的晋升动机主导。

三、小结

通过以上回顾与梳理可见，"宏观—微观"领域的研究已取得丰硕成果，研究视角广泛，既包括金融危机、宏观经济周期、资产抵押价值等宏观经济环境，也包括货币政策、财政政策、产业政策、经济政策不确定性等宏观经济政策。综合已有研究的主流观点，宏观经济对微观企业财务行为的影响主要由供给主导，即宏观经济通过影响资金供给，作用于企业融资约束，进而对企业投资等财务决策发挥作用。未来关于"宏观—微观"领域的研究，不仅需要在已有研究基础上扩大研究视角与研究议题，聚焦广义视角下的宏观经济，探寻、深化"宏观—微观"之间的传导路径，而且还需重视企业如何应对宏观经济的变化，为企业决策提供理论支持，降低宏观经济变化对实体经济稳定发展可能产生的不利冲击。

第三节　微观企业行为—宏观经济产出

已有的针对微观企业行为如何影响宏观经济产出，即"微观—宏观"领域的研究，主要基于会计信息的宏观经济预测价值、会计信息与整体资本市场波动两个视角加以探讨。下文将主要对此进行详细回顾，梳理微观企业行为与宏观经济产出之间的传导机理，从而为宏观经济预测提供重要的决策支持。

一、会计信息的宏观经济预测价值

关于会计信息的宏观经济预测价值，Konchitchki 和 Patatoukas（2014a）发现总体会计盈余对于宏观 GDP 增长率预测具有显著的增量信息含量，即总体会计盈余能够显著解释实际 GDP 增长率与宏观分析师预测的偏差，总体会计盈余对未来 GDP 增长率具有预测价值。结合中国上市公司数据与宏观经济数据，已有研究也发现了类似结论（方军雄等，2015；罗宏等，2016）。

在此基础之上，Konchitchki 和 Patatoukas（2014b）依据杜邦分析，考

察资产周转率（Asset Turnover）、经营毛利率（Operating Margin）、折旧摊销率（Depreciation-to-Sales Ratio）等盈余驱动因素对 GDP 增长率的解释作用，发现经营毛利率、折旧摊销率与未来 GDP 增长率呈显著正相关，而且考虑宏观分析师预测与资本市场回报等因素后，上述发现仍然成立，这进一步阐明了会计信息在宏观经济预测价值中的相关驱动因素；Konchitchki 等（2016）基于会计信息构造了下行风险指标，并发现该指标对宏观经济具有较强的解释力。郝颖等（2014）则将视角聚焦于企业的投资活动，探讨不同投资活动对地区经济增长的影响，并发现固定资产等投资活动能够在短期内提升地区经济增长，但不具有长期持续性，而创新投资对长期经济增长具有重要的促进作用。王化成等（2012）、王化成（2017）则在编制中国会计指数中，提出了反映宏观经济运行的会计宏观价值指数（AMV）、反映某一具体行业的会计综合评价指数（ACV）、反映一个企业是否具有长期投资价值的会计投资价值指数（AIV）三个指数，进一步细化了会计信息的宏观预测价值研究框架。

二、会计信息与整体资本市场波动

自 Ball 和 Brown（1968）开始，会计信息与资本市场股票回报之间的关系一直是资本市场研究的重点议题，学术研究逐渐从早期关注公司层面"回报—盈余"之间的关系拓展至整体资本市场层面，探究"市场回报—总体盈余"之间的关系。

与公司层面"回报—盈余"之间呈现显著正相关关系不同，Kothari 等（2006）发现在整体资本市场层面，"市场回报—总体盈余"之间表现为负相关关系，并认为这是由资金成本与总体盈余同向变动所致；Cready 和 Gurun（2010）结合盈余披露所带来的盈余信息含量与债券利率的分析，发现总体盈余变化与预期回报呈显著正相关；Gallo 等（2016）研究进一步发现总体会计盈余能够显著预测未来货币政策变化，并且当控制货币政策变化之后，"市场回报—总体盈余"的负相关关系减弱，这支持了

Kothari 等（2006）的观点。可是，Sadka 和 Sadka（2009）也发现了"市场回报—总体盈余"呈现负相关关系，但却认为这一负相关关系是由总体盈余具有较高的可预测性所致，而非资金成本变化，这也印证了 Ball 等（2009）的观点，即总体会计盈余中存在系统性部分，且与市场回报显著相关；通过针对 28 个国家样本的分析，He 和 Hu（2014）发现"市场回报—总体盈余"的负相关关系仅在美国资本市场成立，而在非美国资本市场，"市场回报—总体盈余"呈现正相关关系，并且这一正相关关系随着财务信息披露透明度的提高、投资者预期准确性的增加而下降，这支持了 Sadka 和 Sadka（2009）的观点。此外，结合债券市场的分析，Gkougkousi（2014）发现对于信用评级较高、期限较长的债券而言，其"债券市场回报—总体盈余"较低，主要是由于总体盈余可预测性较高所致，为 Sadka 和 Sadka（2009）提供了来自债券市场的证据。Patatoukas（2014）则在上述两种观点基础上，认为总体盈余变动既反映了未来现金流信息（Future Cash Flow News），又反映了资金成本信息（Discount Rate News），而这两者之间存在一定的抵消作用，从而使整体资本市场回报与总体会计盈余之间的敏感性下降。

另外，还有研究在总体会计盈余的基础之上，探讨其他盈余属性对市场回报的影响。通过将盈余拆分成应计项与现金流，Hirshleifer 等（2009）发现总体应计项与市场回报呈显著正相关，而总体现金流与市场回报呈负相关，且这一结果主要是由总体应计项与总体现金流中包含的相关折现率信息所致；Kang 等（2010）则在 Hirshleifer 等（2009）的基础之上发现，总体应计项与市场回报的负相关关系主要体现在操纵性应计项部分，而非正常应计项部分，且操纵性应计项与风险并未同步变化，因此推断总体操纵性应计项的变化反映为整体市场盈余管理的变动，是管理层进行择时选择的结果。此外，还有研究关注总体管理层预测（Anilowski et al.，2007）、总体盈余分散程度（Jorgensen et al.，2012）对市场回报的影响。Anilowski 等（2007）发现总体管理层盈余预测中包含了总体会计盈余信息，而市场回报会先于总体盈余预测；Jorgensen 等（2012）发现"市场回报—盈余分散程度"之间呈显著正相关,"市场回报—未来盈余分散程度"之间呈显著负相关,这主要是由于盈余分散程度越高,投资者要求报酬率增加所致。

三、小结

从以上回顾与梳理可见,"微观—宏观"领域的研究主要聚焦于会计信息的宏观经济预测价值、会计信息与整体资本市场波动两个视角进行深入探讨。针对会计信息的宏观经济预测价值,已有研究发现会计信息对宏观经济具有重要的预测价值和较高的信息含量,是进行经济预测的有效指标;针对会计信息与整体资本市场波动,已有研究发现总体会计盈余对整体资本市场波动具有重要的解释力,可是对其影响机理还未达成一致观点,一些研究认为是市场预期渠道,另一些研究认为是资本成本渠道。未来"微观—宏观"领域的研究一方面需要在已有研究基础之上,进一步探究哪些会计信息能够更为准确地预测未来宏观经济变化,寻找更具解释力的预测变量与模型,为宏观经济预测提供决策依据;另一方面则应在资本市场层面深入挖掘会计信息如何解释整体资本市场波动,为降低资本市场系统性风险提供一定的借鉴。

第四节 未来研究建议

上文针对宏观经济如何作用于微观企业财务行为,即"宏观—微观"领域的研究,以及微观企业财务行为对宏观经济产出的影响,即"微观—宏观"领域的研究,进行了详细的回顾与梳理,对于未来宏观经济与微观企业财务行为互动关系的研究,我们基于图 2-2 的研究框架,从宏观经济政策的互动作用、行业经营环境的中介作用、地区制度环境的调节作用、企业财务数据的预测作用四个方面进行展望，以期深化宏观经济与微观企业财务行为之间的作用机理，为宏观经济政策制定与企业财务决策提供重要的理论支持（见图2-2）。

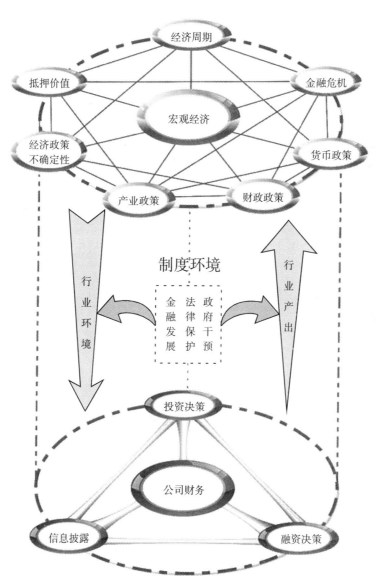

图 2-2 宏观经济与微观企业财务行为研究框架

一、宏观经济政策的互动作用

多数针对宏观经济政策微观效应的研究主要关注单一宏观经济政策如何影响微观企业财务行为，然而在同一时期，各项宏观经济政策往往同时实施，相互交织，其对微观企业财务行为的影响既可能存在互补效应，也可能存在替代效应，因而在探讨宏观经济政策与微观企业财务行为之间的互动关系时，不仅应探讨单项宏观经济政策与微观企业行为之间的互动关系，还需关注各项宏观经济政策之间的互动作用，以便更为清晰、深入地厘清宏观经济政策对微观企业财务行为的影响机理。

例如，货币政策与财政政策一直是政府进行宏观经济调控的重要手段，对于企业的投资行为而言，货币政策紧缩会导致宏观资金供给下降，加剧企业融资约束，从而使企业投资水平下降。可是，对于经济欠发达地区而言，货币政策紧缩很可能会恶化经济欠发达地区的企业投资行为，对当地经济发展具有一定的抑制作用，而此时财政政策将是对冲货币紧缩冲击的有效手段之一，如税收优惠、政府补助等，具有一定的针对性，有助于降低经济欠发达地区企业在货币紧缩环境下面临的融资约束，维持企业投资水平，促进当地经济平稳发展。可见，货币政策与财政政策之间存在重要的互动作用，财政政策能够有效调节货币政策可能引发的负面效应。

任何一项经济政策既具有积极效应，也存在负面结果，在具体实践过程中如何提升经济政策的积极效应，降低甚至消除负面影响，一直是经济政策制定与实施所关注的重点议题。因而，在探究宏观经济政策与微观企业财务行为的互动关系中，也应重点关注各项经济政策之间的互动作用，一方面能够更为清晰地梳理宏观经济政策与微观企业行为之间的互动机理，另一方面对于在宏观经济政策制定中如何提升其积极效应、降低其负面影响具有重要的参考价值。

另外，针对宏观经济政策微观效应的分析，还需深入关注经济政策的实施或调整过程。在理性预期理论框架下，企业在经营决策中会对宏观经济信息做出相应的预期，而宏观经济政策的调整过程则是企业形成预期的重要依据，当经济政策调整过程使企业难以形成有效预期时，则很可能导致经济政策难以实现预定目标，甚至可能带来更为严重的危害。因此，在探讨宏观经济政策微观效应时，需重视理性预期因素在"宏观—微观"传导路径中发挥的重要作用。关注宏观经济政策调整过程如何影响企业预期形成，不仅有助于拓展宏观经济政策与微观企业行为的分析视角，而且对在经济发展新常态下如何加强宏观经济审慎管理至关重要。

二、行业经营环境的中介作用

企业经营离不开其所处的行业环境，虽然已有研究关注到行业因素与微观企业行为之间的互动，分析了产业政策如何影响微观企业行为，可是大多数研究主要比较的是支持产业与非支持产业之间的差异，并未深入挖掘行业环境是否发挥一定的中介作用，未来研究可对此进行深入探讨。

同样，微观企业行为也是影响行业产出的重要因素，如何利用会计信息预测行业产出变化，对产业政策调整具有重要价值。产业发展不平衡一直以来是抑制中国经济发展的主要因素之一，如何通过利用微观企业披露的相关信息，及时有效地预测行业产出，是提升资源配置效率的有效手段之一，对于缓解特定行业产能过剩、激发特定产业投资、提升经济发展质量具有重要的意义。

三、地区制度环境的调节作用

制度环境包含的层面比较广泛，诸如金融发展水平、法律制度体系、政府干预水平等均可囊括至制度环境范畴，而在宏观经济与微观企业互动过程中，制度环境发挥着重要的调节作用，是影响宏观经济与微观企业行为之间传导机理的重要因素。

首先，宏观经济对微观企业行为的影响会因企业所处制度环境的不同而有所差异，例如，金融发达地区企业受货币紧缩的冲击相对较低（黄志忠和谢军，2013）。可见，制度环境要素对宏观经济政策能否有效落实发挥着一定调节作用，因此在考察宏观经济对微观企业行为影响的同时，需注意企业所处的制度环境差异，在不同的制度环境下，宏观经济的微观传导机理很可能有所差异，这是对已有研究的重要补充；而且结合制度环境的分析，有助于宏观经济政策的制定与实施，提高资源配置效率。

其次，制度环境也会对微观企业行为影响宏观经济产出发挥调节作用，例如，基于美国资本市场发现的总体会计信息与整体资本市场波动的负相关关系无法普适至其他国家（He & Hu，2014）。因而，在考察微观企业行为如何影响宏观经济产出时，需结合特定的制度环境加以分析，诸如在新兴市场国家，或法律保护、金融发展程度较低地区，信息披露的准确性、完备性尚存在很多不足，会计信息可能存在较低的宏观经济预测价值；针对资本市场而言，新兴市场国家或是法律保护、金融发展程度较低的地区，投资者专业能力存在较为明显的差异，他们对会计信息的不同反应，也将对资本市场波动产生不同影响。

四、企业财务数据的预测作用

已有关于"微观企业行为—宏观经济产出"领域的研究主要关注会计信息的宏观预测价值，以及会计信息与整体资本市场波动的关系。首先，关于会计信息的宏观预测价值，已有研究主要关注会计盈余在宏观经济预测中的作用，虽然会计信息的及时性属性有助于人们更为迅速地预测宏观经济，然而会计盈余仍是一个结果性指标。因此，未来研究可将会计信息的范畴扩大，利用财务报表中更具前瞻性的会计信息进行宏观经济预测，包括存货变化、固定资产投资变化、会计宏观价值指数（AMV）等，从而有助于优化基于会计信息的宏观经济预测。此外，未来研究还可对宏观经济产出进行深化和拓展，不仅可以深入挖掘会计信息对投资、消费、储蓄、财政支出等 GDP 构成要素的预测作用，而且还可将视角拓展至就业水平、物价水平等反映宏观经济运行状况的其他指标。

其次，关于会计信息与整体资本市场波动的关系，已有研究尚未对二者之间的传导机理达成一致观点，一些研究认为这是由未来现金流预期渠道主导的，即在总体会计信息层面，投资者能够更为有效地预期未来现金流信息；另一些研究则支持资本成本预期渠道主导，即总体会计信息会改变投资者的预期报酬率。因而，未来研究还需结合特定条件、环境、要素，深入探究会计信息与整体资本市场波动之间的互动关系，以期通过会计信息揭示资本市场中的系统性风险。

第五节　本章小结

宏观经济与微观企业财务行为之间的互动关系一直以来是理论学者、企业家、政府部门关注的焦点，对该问题的研究对于促进实体经济发展，加强宏观经济政策审慎管理，提高企业财务决策效率具有重要意义。本章首先基于"宏观—微观"路径，回顾了金融危机、经济周期、抵押价值等宏观经济环境，以及货币政策、财政政策、产业政策、经济政策不确定性等宏观经济政策，如何影响微观企业财务行为；而后基于"微观—宏观"路径，梳理了会计信息的宏观预测价值以及会计信息与整体资本市场波动的关系。在已有研究的基础之上，提出了未来研究建议，包括宏观经济政策的互动作用、行业经营环境的中介作用、地区制度环境的调节作用、企业财务数据的预测作用。本章研究有助于揭示宏观经济与微观企业财务行为之间的互动机理，对该领域的理论研究具有一定的推动作用，对宏观经济政策制定与企业财务决策具有重要的参考价值。

第三章 货币政策、信息透明度与
企业信贷期限结构

本章概要： 本章以2004~2012年我国A股上市公司为样本，系统考察了货币政策对企业信贷期限结构的影响，以及信息透明度所具有的调节效应。研究发现，货币政策越紧缩，企业信贷期限结构越短，而信息透明度能在一定程度上缓解银根紧缩的冲击；深入分析排除了政府干预、大股东控制、成长性与企业信贷需求等潜在干扰因素的影响。本章研究表明，货币政策对企业信贷融资的影响主要由供给主导，而非需求方的主动选择，同时阐明了信息透明度在信贷资源配置中发挥的重要作用，该研究对深化我国银行业市场化改革具有重要的借鉴意义。

关键词： 货币政策；信息透明度；信贷期限结构

第一节 引言

2008年金融危机的影响迄今为止仍未散去，各国政府均意识到宏观经济调控的能动作用，主动对经济系统进行调控，货币政策即是各国政府调控宏观经济的主要手段之一。而货币政策的变化如何影响实体经济发展，特别是其变化会如何影响微观企业行为，自然成为经济学家对政府调控效果的关键设问（靳庆鲁等，2012）。对以上问题的回答，无疑具有重要的学术价值和现实意义。本章即研究货币政策变化对企业信贷决策的影响，并深入揭示了其发挥作用的机制。与已有关于货币政策对信贷资源配置影响的研究主要聚焦于信贷规模不同（叶康涛和祝继高，2009；饶品贵和姜国华，2013b），本章主要关注货币政策变化对企业信贷期限结构的影响，以及信息透明度在其中发挥的作用。

之所以选择信贷期限结构作为研究视角，主要基于以下考虑：第一，作为信贷契约的重要条款之一，贷款期限结构对债务履约成本及银行面临的违约风险具有重要影响（Diamond，1991；方军雄，2007；肖作平和廖理，2008）。信贷期限越长，银行面临的违约风险越高，对债务人违约行为的观测成本越大。第二，基于投融资结构匹配理论，企业应选择与发展战略一致或保证自身价值最大化的债务契约，但由于制度环境的影响以及企业特征的差异，部分企业很难获得银行长期信贷，"短贷长用"就成为一种可能的替代机制（孙铮等，2005）。当宏观货币政策趋紧时，企业流动性风险加剧，甚至可能引发严重的不良经济后果[1]。因此，合理的信贷结构对企业投资及长期发展具有重要作用（陆正飞等，2006；陈建勇等，2009）。第三，对于转型经济体，经济增长与金融中介的发展密切相关（Levine & Zervos，1998；Allen et al.，2005）。而银行作为中国最主要的金融中介，其信贷资金的配置效率对经济增长至关重要（Ayyagari et al.，2010；张军和金煜，2005）。尤其是在后金融危机背景下，地方企业老板"跑路"行为时有发生，能否基于评价拟贷款客户资质的信息成本和违约风险合理决定信贷期限结构、利率等关键信贷条款，不仅是判断信贷资金配置效率的重要标准（周业安，2005；方军雄，2007），也是维护我国经济稳定发展的重要因素。

目前，我国金融体系仍由信贷主导，货币政策的传导路径主要是通过

---

① 为了深入说明"短贷长用"问题，我们选取长航凤凰（公司代码：000520）加以说明。通过整理2007~2012年长航凤凰披露的年度财务报告，我们发现固定资产与在建工程占总资产比重高达70%，而长期借款占总借款的比重仅为60%，而在2012年更是低于40%，这在一定程度上表明，长航凤凰通过"短贷长用"的方式进行扩张。而随着货币政策不断收紧，融资越来越困难，因此，在2013年7月，仅仅1247万元的到期债务使资产规模高达50亿元的公司面临破产危机，并很有可能因为连续3年亏损面临退市风险。

调整信贷规模以发挥作用（饶品贵和姜国华，2013b），紧缩货币政策在降低企业信贷规模的同时，也影响企业的债务期限结构（段云和国瑶，2012；饶品贵和姜国华，2013a）[①]。对于债务契约而言，信息透明度在债务契约的制定过程中发挥着重要作用，是债权人控制信用风险的重要方式之一（Bharath et al.，2008；Armstrong et al.，2010）。那么在银根紧缩的环境下，信息透明度的提升能否作为一种正式机制，缓解货币紧缩对企业信贷期限结构的冲击？

本章研究发现，货币政策越紧缩，企业长期信贷的比重越小，而信息透明度的提高能够在一定程度上缓解银根紧缩对企业融资所造成的不利外部冲击。在考虑政府干预与大股东控制的影响后，我们发现两者均会对企业信贷期限结构产生影响，但信息透明度仍具有明显的调节作用。进一步地基于信贷需求方视角，我们发现货币紧缩对企业信贷期限结构的影响并不是企业成长性不足所致，同时我们排除了公司债的融资替代性作用、资产期限结构以及流动性压力等需求因素的潜在干扰。本章研究表明，企业信贷期限结构的变化主要由供给主导，而非需求方的主动选择，同时信息透明度能够在一定程度上降低货币紧缩给企业融资带来的不利影响。

与已有文献相比，本章的贡献主要体现在以下三个方面：

第一，本章基于信贷期限结构的视角，进一步拓展了货币政策信贷传导机制微观效应的研究范畴。由于我国目前还未完全实现利率市场化，货币政策主要通过控制银行信贷来影响企业融资（周英章和蒋振声，2002；盛朝晖，2006）。已有研究从货币政策变化对企业信贷规模、企业现金持有水平、银行贷款与商业信用的替代关系及投资等多个视角探讨了货币政策信贷渠道的微观传导机理（陆正飞等，2009；叶康涛和祝继高，2009；靳庆鲁等，2012；饶品贵和姜国华，2011，2013a，2013b），然而多数研究

---

① 段云和国瑶（2012）发现，紧缩货币政策会影响企业总体债务期限结构，使得长期债务比例下降。饶品贵和姜国华（2013a）则进一步发现紧缩货币政策时期，企业商业信用增加，也间接表明货币紧缩会导致企业长期债务占比下降。不同于上述研究，本章主要关注企业获取的银行信贷资金的期限结构。

针对信贷总体规模进行了分析，却未进一步挖掘企业信贷结构的差异。由于商业信用与信贷资金存在一定的替代作用（饶品贵和姜国华，2013a），本章将研究焦点集中于信贷期限决策，分析了企业获取银行信贷资金的期限结构，而不考虑总体负债的期限结构问题。对于该问题的分析，不仅深化了饶品贵和姜国华（2013b）提出的"后续研究要对负债总额进行分解"，而且进一步揭示了不同货币政策下我国银行信贷资金的配置状况。

第二，本章同时考虑了宏观货币供给与企业融资需求对企业信贷期限结构的影响，并发现货币紧缩造成企业信贷期限结构短期化并不是企业自主决策的结果，而是受外部宏观货币环境约束所做的被动选择。同时还阐释了影响我国企业负债融资结构的宏观因素，这不仅有助于理解我国信贷资金错配的宏观政策成因，而且间接揭示了后金融危机时期，货币政策频繁调整所引发的企业融资结构的变化，可能是导致我国地方企业老板"跑路"现象发生的重要原因。

第三，本章基于信贷期限结构的视角考察了信息透明度在信贷资源配置中发挥的重要作用，为我国银行业市场化改革、信息中介发展以及企业信息透明度提高提供理论支持。研究发现以分析师预测为基础的信息透明度能够缓解货币紧缩对企业债务融资结构产生的影响，一方面，基于信贷融资结构视角，验证了分析师在我国信贷资源配置过程中具有重要的信息效应，在一定程度上表明分析师在提升资源配置效率方面发挥着积极的外部性作用，为分析师这一市场信息中介在新兴市场中扮演的角色以及发展方向提供了补充证据与理论借鉴；另一方面，随着我国商业银行改革的持续深入，银行对信贷资源的管理越来越规范，胡奕明和谢诗蕾（2005）、李志军和王善平（2011）等研究发现，信息质量会影响企业的负债规模以及负债成本，本章则进一步结合信贷期限结构的视角，发现以分析师预测为基础的信息透明度能够作为一种正式机制缓解货币紧缩的冲击，为持续推进我国银行业市场化改革，提升信贷决策质量，提高资源配置效率提供决策支持。

本章安排如下：第一部分为引言，第二部分为理论分析与研究假设，

第三部分为研究设计，第四部分为实证检验结果，第五部分为进一步分析，包括竞争性假说排除和稳健性检验，第六部分为本章小结。

第二节 理论分析与研究假设

一、货币政策与企业信贷期限结构

目前，我国利率尚未完全实现市场化，货币政策调控更多依赖于控制信贷规模，因此，货币政策的信贷传导渠道在我国起主导作用，不少研究基于宏观（周英章和蒋振声，2002；盛朝晖，2006）和微观视角（叶康涛和祝继高，2009；饶品贵和姜国华，2011，2013b）印证了我国货币政策信贷传导渠道的真实存在。对于债务结构，段云和国瑶（2012）基于长短期借款占总体债务的比重，发现在货币紧缩期间，长期借款的获取更为困难，而建立政治关联的企业无论在宽松还是紧缩的货币环境下均更易获取银行信贷支持。然而饶品贵和姜国华（2013a）的研究发现，银行信贷与商业信用在货币紧缩时期表现为一种替代机制，基于总体债务结构视角的分析，很有可能受到商业信用的影响。因此，我们在段云和国瑶（2012）的研究基础之上，将焦点集中于银行信贷的期限结构，从而排除商业信用的影响，分析货币政策对企业信贷资金期限结构的影响机理。

与成熟的市场相比，我国企业融资渠道相对单一，银行贷款是企业主要的融资来源，银行系统在经济增长中扮演了更重要的角色[①]（Allen et al.，2005）。货币政策波动时，央行主要通过调整银行系统的货币供给来调节

[①] 中国银行信贷占国内生产总值（GDP）的比重为 1.11，同期英属国家为 0.62，法属国家为 0.55。而从流通股票市值/银行信贷总额度量的"结构指数"来看，中国是所有样本国家中最低的，说明银行部门的作用远大于股票市场（Allen et al.，2005）。

经济活动，因此，货币政策对企业信贷融资影响重大（叶康涛和祝继高，2009；李志军和王善平，2011）。银行作为金融中介的核心，其功能主要通过价值发现和有效监管加以实现（张军和金煜，2005；周业安，2005），即选择好项目、好企业签订合理的信贷契约，并进行持续监督。在银行与企业签订信贷契约的过程中，贷款期限结构与贷款规模、利率一起，构成了最重要的条款安排，上述决策主要受到评价拟贷款企业资质的信息成本及其违约风险的影响（周业安，2005；方军雄，2007）。与短期贷款相比，贷款期限越长，银行对企业违约行为的观测成本越高，债务人违约的可能性也越大，因此，较长时间的债务契约对外部履约机制的依赖性更强（Diamond，1991）。

由于我国债权人法律保护较弱，当货币政策由宽松转向紧缩、资金变得稀缺时，从规避风险的角度出发，银行首先会倾向于降低所发放的长期信贷规模。同时，在货币政策紧缩时期，企业债务违约可能性增大，银行会更加关心信贷资金安全，更有动机通过发挥治理作用以抑制企业的过度投资行为，提高投资质量（饶品贵和姜国华，2013b）。与长期贷款相比，短期贷款在抑制企业的机会主义行为方面的优势（肖作平，2011）也使得银行更倾向于降低长期贷款的发放①。基于上述分析，我们提出如下假设：

H3-1 货币政策紧缩时，企业信贷期限结构中长期信贷占比下降。

二、货币政策、信息透明度与企业信贷期限结构

由于我国资本市场发展时间较短，对投资者的法律保护相对薄弱，资本市场信息披露不够完善，所以为缓解融资约束，企业更关注与政府保持良好的关系，以获取政府的支持，而非提高信息透明度。不少研究（孙铮等，2005；谭劲松等，2010；段云和国瑶，2012；李健和陈传明，2013）

---

① Erel 等（2012）也发现在经济萧条、信用紧缩时期，美国上市公司银行贷款的期限结构中长期信贷占比下降。

也基于政治成本假说为此提供了经验证据，他们的研究发现，建立政治关联能够使企业获得更长的银行信贷。随着全面深化改革的不断推进，我国政府已经意识到完善现代市场体系的重要意义。党的十八届三中全会也提出了如何处理政府与市场的关系，指出："经济体制改革是全面深化改革的重点，核心问题是处理好政府和市场的关系，使市场在资源配置中起决定性作用和更好发挥政府作用。"① 对于资本市场来说，即需要加强企业信息透明度在资源配置中所具有的重要作用，使信息引导资源实现有效配置。本章将基于债务期限结构理论中的信息不对称假说、信号假说、流动性风险假说，结合中国特殊的制度背景，分析信息透明度在货币政策紧缩时如何影响企业信贷期限结构。

1. 信息不对称假说——信贷供给方主导

当企业与银行之间信息不对称程度较低时，银行对企业进行监督会较为容易，会使银行更倾向于发放长期信贷（Armstrong et al.，2010），而当信息不对称程度较高时，企业债务期限结构更短（Bharath et al.，2008）。承前分析，货币政策紧缩时，银行信贷规模下降，并且倾向于采用短期信贷这种更为安全的方式。饶品贵和姜国华（2011）、李志军和王善平（2011）发现，为缓解货币政策紧缩对企业信贷的影响，上市公司会提高会计稳健性与信息披露质量，从而降低借贷双方的信息不对称。Custodio 等（2013）则基于美国 1976~2008 年的样本，发现信息不对称理论能够在一定程度上解释美国上市公司债务期限结构变短的原因；Erel 等（2012）也提供了间接证据，他们发现在经济萧条、信用紧缩时期，资金供给方会发生安全投资转移行为（Flight-to-Quality），即选择信息质量较高的企业进行投资，而出售信息不对称程度较高的公司证券，支持以信贷供给方为主导的信息不对称假说。

2. 信号假说——信贷需求方主导

为凸显自身的实力，高质量公司会选择积极的行动，向资本市场传递

---

① 《中国共产党第十八届中央委员会第三次全体会议公报》（资料来源：http://www.xinhuanet.com/politics/2013-11/12/c_118113455.htm）。

积极的信号以使自身区别于其他公司，因此，只有高质量公司才敢承担短期债务，并将其作为积极的信号传递给资本市场（Flannery，1986）。由于承担短期债务这一信号是具有成本的，对于高质量公司来说，并不担心短期债务给企业带来的流动性压力；然而低质量公司却由于存在流动性压力，不敢模仿高质量公司的行为。此外，短期债务融资成本相对较低，且能够增加企业与银行之间的谈判次数，选择最为有利的贷款成本，避免贷款成本锁定给企业长期发展带来不利影响（Custodio et al.，2013）。方军雄（2010）基于1996~2004年我国IPO公司上市的前后数据，对企业所有制与债务融资的关系进行了深入研究，发现民营企业在上市前后，其债务融资存在显著差异，即上市之后，银行贷款期限结构更短，并推断这是民营企业更加关注经营绩效的自主决策结果，支持了信号假说。

3. 流动性风险假说——信贷供需双方权衡的结果

Diamond（1991）在信息不对称理论、信号理论的基础之上，通过对债务融资供需双方的分析，提出了流动性风险理论，认为企业债务期限结构是企业未来信用评级与流动性风险之间的权衡结果，信用评级与债务期限结构呈倒U形关系。对于高信用评级公司来说，需求方起主导作用，更愿意通过承担短期债务向市场传递积极信号，而对于低信用评级公司来说，由于短期债务会增加流动性风险，其自身并不愿意承担短期债务，然而长期债务却增加了债权人的风险，债权人不愿意给低质量公司发放长期信贷，所以对于信息透明度较低的公司而言，供给方起主导作用，其债务期限结构也相对较短。因此，在流动性风险理论的框架下，公司信息透明度可能与债务期限结构存在倒U形的关系。然而，廖冠民等（2010）结合我国的样本进行分析，并未发现经验证据支持流动性风险理论。

综合上述三种债务期限结构理论，可以发现信息不对称理论明确了银行作为债务供给方在信贷契约中所起的主导作用，而信号理论则解释了信贷契约中企业作为债务需求方的主动选择，流动性风险理论则反映了债务需求供给双方权衡的结果。对于发达资本市场而言，面对外部宏观经济环境波动，企业会通过选择不同融资方式以降低融资成本（Korajczyk &

Levy，2003）。然而在我国新兴加转轨的资本市场下，融资渠道较为单一，债券市场还不够发达，同时权益融资受到较为严格的限制，银行信贷成为企业较为重要的融资来源（Allen et al.，2005；Ayyagari et al.，2010）。因此，在我国的信贷契约中，银行作为信贷供给方颇为强势，尤其是当货币政策紧缩时，银行的主导地位进一步加强，据此，我们推断信息不对称假说能够解释我国信贷期限结构的变化，同时提出如下假设：

H3-2：货币政策紧缩时，企业信息透明度越高，信贷期限结构越长。

第三节　研究设计

一、实证检验模型

1. 货币政策与企业信贷期限结构

为检验由于货币政策波动，银行是否会因为政策要求以及外部环境的变化而调整信贷行为，即检验 H3-1，本章设计如式（3-1）所示的模型，分别检验货币政策对企业长短期信贷以及信贷期限结构的影响。

$$\text{LongDebt}_{i,t} / \text{ShortDebt}_{i,t} / \text{Maturity}_{i,t} = \beta_0 + \beta_1 \text{MP}_{i,t-1} + \text{Controls}_{i,t-1} + \varepsilon_{i,t} \quad (3-1)$$

其中，LongDebt、ShortDebt 表示信贷规模的替代变量，Maturity 表示信贷期限结构，MP 表示货币政策，Controls 表示有关控制变量，具体变量定义如表 3-1 所示。

2. 货币政策、信息透明度与企业信贷期限结构

为检验信息透明度是否对货币政策与企业信贷期限结构之间的关系具有调节作用，本章设计如式（3-2）所示的模型。

$$\text{Maturity}_{i,t} = \beta_0 + \beta_1 \text{MP}_{i,t-1} + \beta_2 \text{Transp}_{i,t-1} + \beta_3 \text{MP}_{i,t-1} \times \text{Transp}_{i,t-1} +$$
$$\text{Controls}_{i,t-1} + \varepsilon_{i,t} \quad (3-2)$$

其中，Transp 表示信息透明度，控制变量选取如同模型（3-1），具体变量定义如表 3-1 所示。

表 3-1　变量定义

变量		变量说明
因变量	LongDebt	长期借款与营业收入之比
	ShortDebt	短期借款与营业收入之比
	Maturity	信贷期限结构，长期借款与借款总额（长期借款+短期借款）之比
自变量	MP	货币政策替代变量，计算方法见模型（3-3）
	AnalystAcc	分析师预测偏差，|实际净利润－预测净利润|/营业收入
	AnalystSD	分析师预测分歧度，用分析师预测的标准差来衡量
	AnalystNum	分析师跟踪数量
控制变量	Size	上市公司总资产自然对数
	PPE	固定资产占总资产比重
	Growth	营业收入增长率
	Lev	资产负债率
	ROE	净资产收益率
	CFO	经营活动现金流与总资产之比
	Cash	现金持有量与总资产之比
	MB	市净率
	LoanAssets	借款总额与总资产之比
	TobinQ	公司成长性
	BigHolder	大股东持股比例
	Dual	董事长与 CEO 是否二职合一，二职合一 Dual=1，否则为 0
	State	产权性质，非国有 State=1，国有 State=0

二、变量定义

1. 货币政策定义

为衡量我国货币政策变动状况，借鉴陆正飞和杨德明（2011）、段云和国瑶（2012）的研究方法，我们基于货币供给量应满足 GDP 增长与物价水平增长需求这一假设，设计如式（3-3）所示的模型，MP 越大表明货币政策紧缩程度越大，MP 越小表明货币政策越宽松[1]。

$$MP = -\left(\frac{\Delta M2}{M2} - \frac{\Delta GDP}{GDP} - \frac{\Delta CPI}{CPI} \right) \qquad (3-3)$$

其中，$\Delta M2/M2$、$\Delta GDP/GDP$、$\Delta CPI/CPI$ 分别表示货币供应量增长率、经济增长率与物价水平增长率。

2. 信贷期限结构

饶品贵和姜国华（2013a）、段云和国瑶（2012）结合货币政策波动，探讨了在货币政策紧缩的情况下，我国企业债务结构的变化情况，并且发现商业信用、政治关联能够起到一定的缓冲作用。前者将银行信贷、净商业信用、银行信贷与净商业信用之和作为因变量，分析货币政策对每个因变量的影响，后者则采用长期借款占负债总额比重、短期借款占负债总额比重作为债务期限结构的替代变量。不同于上述研究，本章重点关注企业获取的银行信贷资金的期限结构，而非债务期限结构。因此我们定义信贷期限结构（Maturity）为资产负债表中长期借款与借款总额的比值。同时，为更好地反映信贷期限结构变化的具体原因，本章也定义了长期借款指标（LongDebt）与短期借款指标（ShortDebt），即上市公司资产负债表中的长期借款[2]与短期借款，并利用营业收入剔除规模效应[3]。

3. 信息透明度

信息质量与债务契约的相关研究主要关注公司层面指标，如会计稳健性（Chen et al.，2010；饶品贵和姜国华，2011）、信息披露水平（李志军

---

[1] 货币政策的替代变量还包括利率、商业票据等指标，但是由于目前我国利率并未完全实现市场化，且能够发行商业票据的企业较少，商业票据在资本市场中并不常见，因此我们利用货币供应量增长率（M2）、经济增长率（GDP）与物价水平增长率（CPI）来衡量我国的货币政策。

[2] 在一年内到期非流动负债中，不仅包含一年内到期长期借款，还包括一年内到期应付债券等项目，此处我们未考虑一年内到期非流动负债。为增强结论稳健性，我们也将一年内到期非流动负债计入长期借款中，检验结果没有明显差异。

[3] 信贷变化会影响资产规模，这与饶品贵和姜国华（2013a）的研究结论相同，本章也利用营业收入来剔除规模效应。同时，我们也考虑了利用公司资产规模剔除规模效应，结果没有明显差异。

和王善平，2011）、盈余管理程度（Bharath et al.，2008），然而这些公司层面指标在一定程度上受到管理层操控，尤其在我国投资者保护相对薄弱的环境下，信息披露透明度相对较低。为更准确地衡量上市公司的信息透明度，我们考虑了分析师预测，主要原因如下：随着分析师行业的发展，分析师提供的信息逐渐得到资本市场的关注，能够在一定程度上提高信息透明度。Mansi 等（2011）发现当公司价值不确定性较高时，分析师提供的信息更为重要，并且分析师预测中的信息能够影响债务成本；Custodio 等（2013）在研究信息不对称对债务期限结构的影响中，将分析师预测作为信息不对称的动态衡量指标，并发现分析师预测能够使债务期限结构更长。虽然我国分析师市场起步较晚，但现有研究发现分析师预测能够发挥资本市场信息中介的作用（曹胜，2010；廖明情，2012）。潘越等（2011）在分析信息不透明与个股暴跌风险的基础上，考虑了分析师预测的作用，发现分析师对股票的关注能够降低信息不透明对个股暴跌风险的影响；张然等（2012）发现分析师本地优势越明显，上市公司信息披露质量越高，分析师盈余预测越准确。上述研究表明分析师在进行盈余预测时，不仅关注公司披露的信息，还关注其他一些私有信息，其能够为资本市场提供关于上市公司更多的信息。另外，分析师的关注也能在一定程度上起到监督作用，提高上市公司的信息透明度（Degeorge et al.，2013）。

基于此，我们利用分析师预测来反映上市公司的信息透明度，具体指标包括分析师预测偏差（AnalystAcc）、分析师预测分歧度（AnalystSD）与分析师跟踪数量（AnalystNum）。分析师预测偏差越大、分析师预测分歧度越高，表明企业信息透明度越低，而分析师跟踪数量越多则表明企业信息透明度越高。

4. 控制变量

借鉴 Custodio 等（2013）、饶品贵和姜国华（2013a，2013b）等的研究，本章控制变量主要包括总资产规模（Size）、经营性现金流（CFO）、市净率（MB）、固定资产占总资产比重（PPE）、资产负债率（Lev）、销售增长率（Growth）等，同时控制行业效应[①]。

三、样本选择

本章研究样本为 2004~2012 年我国 A 股上市公司，分析师预测数据与相应的上市公司财务指标数据来自 CSMAR 数据库，货币政策相应指标来自中国人民银行与国家统计局网站。由于 2002 年 CSMAR 数据库中开始披露上市公司分析师预测，但数量较少，披露不够完善，因此本章选用 2003~2011 年的分析师预测数据；考虑货币政策影响的滞后性以及内生性问题，货币政策及分析师预测的自变量均采用滞后一期项。其余样本筛选标准包括：剔除金融行业样本（基于中国证监会 2001 年分类标准，行业代码为 I 的金融类公司）；剔除数据缺失的样本；为减少极端值影响，连续型变量前后两端进行 1% 的 winsorize 处理。经上述筛选后，最终得到 4830 个公司样本。

第四节　实证检验结果

一、描述性统计与相关系数

本章变量的描述性统计与相关系数检验结果如表 3-2 所示。从 Panel A 的统计结果可知，货币政策指标 MP 均值、中位数均小于 0，这说明 2004~2012 年这段时期，我国货币政策相对宽松；信贷期限结构（Maturity）表明我国上市公司长期借款占总借款的比例大致为 30%；分析师预测

[①] 本章的货币政策指标为年度指标，因此在回归中不需要控制年度效应。

偏差（AnalystAcc）、分析师预测分歧度（AnalystSD）、分析师跟踪数量（AnalystNum）等指标大体上服从正态分布。从 Panel B 可知，样本期间，货币政策紧缩程度（MP）与信贷期限结构（Maturity）和长期借款比例（LongDebt）呈负相关关系，且均在 5% 水平以上显著，而货币政策紧缩程度（MP）与短期借款比例（ShortDebt）不相关，这在一定程度上表明，货币政策紧缩时，上市公司信贷期限结构变短，并且主要由长期借款降低引起。分析师预测偏差（AnalystAcc）、分析师预测分歧度（AnalystSD）、分析师跟踪数量（AnalystNum）与信贷期限结构呈正相关关系。

表 3-2　描述性统计与相关系数

Panel A：描述性统计

	样本量	均值	中位数	标准差	P25	P75
MP	9	−0.056	−0.026	0.069	−0.052	−0.023
Maturity	4830	0.340	0.251	0.329	0.008	0.603
LongDebt	4830	0.237	0.056	0.468	0.001	0.238
ShortDebt	4830	0.253	0.169	0.268	0.060	0.060
AnalystSD	4830	0.037	0.018	0.067	0.009	0.037
AnalystAcc	4830	0.048	0.023	0.082	0.009	0.051
AnalystNum	4830	11.971	9.000	10.129	4.000	16.000
Size	4830	22.252	22.107	1.213	21.353	22.968
PPE	4830	0.292	0.258	0.192	0.140	0.429
Growth	4830	0.358	0.086	1.265	−0.065	0.320
Lev	4830	0.502	0.511	0.179	0.374	0.642
ROE	4830	0.124	0.114	0.093	0.069	0.168
CFO	4830	0.059	0.059	0.081	0.014	0.108
Cash	4830	0.172	0.145	0.116	0.089	0.226
MB	4830	3.882	3.140	4.212	1.996	4.897
LoanAssets	4830	0.487	0.290	0.599	0.118	0.614
TobinQ	4830	2.041	1.630	1.245	1.193	2.432
BigHolder	4830	0.388	0.382	0.158	0.260	0.504

Panel A：描述性统计

	样本量	均值	中位数	标准差	P25	P75
Dual	4830	0.142	0.000	0.349	0.000	0.000
State	4830	0.355	0.000	0.479	0.000	1.000

Panel B：相关系数

	MP	AnalystAcc	AnalystSD	AnalystNum	Maturity	LongDebt	ShortDebt
MP	—	−0.031*	−0.098***	−0.156***	−0.034**	−0.026**	0.027**
AnalystAcc	0.004	—	0.571***	−0.0301**	0.076***	0.183***	0.216***
AnalystSD	0.004	0.830***	—	0.135***	0.175***	0.246***	0.139***
AnalystNum	−0.082***	−0.014	−0.013	—	0.065***	−0.012	−0.165***
Maturity	−0.052***	0.0312**	0.0323**	0.0812***	—	0.844***	−0.161***
LongDebt	−0.047***	0.025*	0.033**	−0.0423***	0.562***	—	0.260***
ShortDebt	0.012	−0.008	0.001	−0.159***	−0.171***	0.246***	—

注：①相关系数表中上三角为 spearman 相关系数，下三角为 pearson 相关系数；②*、**、*** 分别表示 10%、5%、1%的显著性水平。

二、回归检验结果

1. 货币政策与企业信贷期限结构

为更深入地挖掘我国货币政策的信贷传导机制，我们首先分析了货币政策对上市公司信贷期限结构的影响，回归结果见表 3-3。由表 3-3 可知，货币政策紧缩程度（MP）与长期借款比例（LongDebt）、信贷期限结构（Maturity）呈显著负相关关系，与短期借款比例（ShortDebt）不相关。这表明我国货币政策紧缩时，上市公司信贷期限结构变短，这主要是由长期借款减少引起的，而非短期借款的增加所致。

表 3-3　货币政策与信贷期限结构回归结果

变量	LongDebt	ShortDebt	Maturity
MP	−0.287*** （−4.69）	0.071 （1.58）	−0.255*** （−5.17）

变量	LongDebt	ShortDebt	Maturity
Size	0.010	−0.025***	0.052***
	(1.08)	(−4.17)	(7.16)
PPE	0.008	0.093**	0.228***
	(0.08)	(1.99)	(4.31)
Growth	−0.001	0.000	−0.001
	(−0.17)	(0.08)	(−0.29)
Lev	0.374***	0.276***	0.060
	(5.24)	(6.89)	(1.28)
ROE	−0.151	−0.381***	0.209***
	(−1.43)	(−6.72)	(3.19)
CFO	−0.317***	−0.533***	0.190***
	(−3.13)	(−7.97)	(2.70)
Cash	−0.195*	−0.237***	0.0850
	(−1.76)	(−4.06)	(1.23)
MB	−0.002	0.002	−0.002*
	(−0.50)	(1.55)	(−1.71)
TobinQ	−0.008	−0.005	−0.006
	(−1.43)	(−1.22)	(−0.96)
BigHolder	−0.001	−0.001*	−0.001
	(−1.40)	(−1.78)	(−1.44)
Dual	−0.040***	0.031**	−0.058***
	(−2.78)	(2.13)	(−3.62)
Constant	−0.180	0.928***	−1.065***
	(−0.89)	(6.87)	(−6.82)
样本量	4830	4830	4830
R-squared	0.341	0.182	0.290

注: *、**、*** 分别表示10%、5%、1%的显著性水平。

2. 货币政策、信息透明度与信贷期限结构

通过上述检验我们发现，货币政策越紧缩，银行越会降低对上市公司的长期信贷，造成信贷期限结构变短。为检验信息透明度能否在一定程度上缓解货币紧缩对企业信贷期限结构的冲击，表3-4列示了相应检验结果，其中第2~4列、第5~7列、第8~10列分别列示了全部样本、高信贷

样本（LoanAssets 高于中位数）与低信贷样本（LoanAssets 低于中位数）的检验结果。

表 3-4　货币政策、信息透明度与信贷期限结构回归结果①

变量	总样本			LoanAssets 高于中位数			LoanAssets 低于中位数		
MP	−0.254*** (−5.16)	−0.242*** (−4.92)	−0.236*** (−2.97)	−0.366*** (−5.64)	−0.347*** (−5.36)	−0.390*** (−4.01)	0.100 (1.19)	−0.0546 (−0.71)	0.0514 (0.39)
AnalystAcc	−0.000*** (−3.88)			−0.000*** (−3.44)			−0.176*** (−3.88)		
MP × AnalystAcc	−0.009*** (−6.05)			−0.008*** (−5.35)			−5.972*** (−3.56)		
AnalystSD		−0.007 (−1.62)			−0.009*** (−2.93)			−0.014 (−1.19)	
MP × AnalystSD		−0.257* (−1.80)			−0.331*** (−3.15)			−0.005 (−0.04)	
AnalystNum			−0.001 (−1.09)			0.002* (1.88)			−0.002** (−2.34)
MP × AnalystNum			−0.002 (−0.52)			0.004 (0.63)			−0.010 (−1.35)
控制变量	控制	控制	控制	控制	控制	控制	控制	控制	控制
样本量	4830	4830	4830	2415	2415	2415	2415	2415	2415
R-squared	0.290	0.290	0.290	0.365	0.366	0.365	0.182	0.177	0.180

注：*、**、*** 分别表示 10%、5%、1% 的显著性水平。

对于全部样本而言，货币政策紧缩程度（MP）与信贷期限结构（Maturity）均呈现显著的负相关关系，这进一步支持了表 3-3 的结果；分析师预测偏差（AnalystAcc）与信贷期限结构（Maturity）显著负相关，表明了信息透明度较差的企业，其信贷期限结构更短；货币政策与分析师预测偏差交乘项（MP × AnalystAcc）、货币政策与分析师预测分歧度交乘项（MP × AnalystSD）与信贷期限结构（Maturity）显著负相关，表明了货币政

---

① 此处，为节省篇幅，我们仅列示主要变量回归结果。另外，回归中我们也将分析师预测指标分成高、中、低三组进行检验，并未发现证据支持流动性风险假说。

策紧缩时期，信息透明度低的公司其信贷期限结构更短，这从另一角度说明信息透明度的提高有助于缓解货币政策紧缩给企业信贷期限结构带来的冲击。考虑流动性风险假说——信息透明度与债务期限结构之间的非线性关系，我们也将分析师预测指标按透明度分成高、中、低三组进行检验，结果与廖冠民等（2010）、Custodio 等（2013）的结论一致，并未发现证据支持流动性风险假说。

考虑到企业信贷规模的影响，当企业较少利用信贷资金时，违约风险较低，无论外部宏观货币环境如何，银行对上市公司信贷需求与信息质量的关注度都较低，因此我们需进一步区分信贷规模加以检验。对于高信贷样本（LoanAssets 高于中位数）而言，其检验结果与全部样本类似，且分析师预测分歧度（AnalystSD）与信贷期限结构（Maturity）显著负相关，分析师跟踪数量（AnalystNum）与信贷期限结构（Maturity）显著正相关，这进一步说明了信息透明度的提高有助于提高信贷期限结构。然而，对于低信贷样本（LoanAssets 低于中位数），虽然分析师预测偏差（AnalystAcc）、货币政策与分析师预测偏差交乘项（MP × AnalystAcc）与信贷期限结构（Maturity）显著负相关，可是却未发现证据支持 H3-1，即货币紧缩会降低企业信贷期限结构，这说明信贷规模较小的企业，其信贷期限结构对货币政策的敏感性不高，即对信贷资源依赖程度较高的企业受外部宏观货币政策调整的影响更为明显。

综合上述结果，货币政策紧缩使企业信贷期限结构短期化，而信息透明度的提高能够缓解货币政策紧缩给企业信贷期限结构带来的不利影响，并且在信贷规模较高的公司样本中更为明显，这表明信息不对称理论能够有效解释我国的信贷资源配置情况。由于我国利率并未实现完全市场化，并且不存在发达的债券市场，银行信贷在我国上市公司债务融资中占据主导地位，债务融资成本较为固定，因此高质量上市公司并不像西方发达资本市场中上市公司那样能够通过短期债务融资降低融资成本，增加谈判次数，以获得更为优厚的债务融资条件。与此同时，近些年我国货币政策频繁波动，短期债务融资结束之后可能会面临融资难的问题，这增加了未来融资的风险，因此对于我国高质量的上市公司来说，更倾向于获取长期信贷资源而非短期信贷。

第五节　进一步分析

前文我们验证了货币政策紧缩导致企业信贷期限结构短期化，并且信息透明度具有一定的缓解作用。然而，在债务期限结构理论中，还存在政治成本假说和代理成本假说以解释债务期限结构的变化。因此，是否可能由于政治成本、代理成本影响了信息透明度，从而影响了前述研究发现？另外，货币紧缩期间，上市公司作为信贷需求方是否会自发地调整信贷期限结构？

一、备择假设分析——政府干预、公司治理

为排除上述政治成本与代理成本假说对前文研究发现的影响，我们将结合政府干预与公司治理进行深入分析。

1. 政府干预的影响

不同于英美发达资本市场，新兴市场的投资者保护机制薄弱，政府干预现象较为普遍（Faccio，2006）。Cleassens 等（2008）基于巴西样本发现，提供政治竞选资助的公司能够获得更多的银行贷款。我国的政府干预行为首先体现在产权性质的差异，国有企业更容易获得银行贷款，民营企业存在"信贷歧视"；另外，为缓解"信贷歧视"的不利影响，民营企业也积极寻求政治关联（Xu et al.，2013；李健和陈传明，2013）。上文我们已验证信息透明度的提高能够缓解货币政策紧缩对上市公司信贷期限结构的影响，但基于政治成本假说，存在另外一种解释，即政府干预能够缓解货币紧缩对企业信贷期限结构的影响，而这些受政府干预的公司其信息透

明度都比较高。

对国有企业而言,其承担了诸多政策性负担,在面临外部政策趋紧时,能够获得政府支持,其违约风险较低(Chen et al.,2010),同时,我国银行等金融机构多数由国家控股,更愿意向国有企业放贷(Allen et al.,2005)。此外,地方官员的晋升依赖于地方经济的增长,而地方国有企业对地方经济的发展具有重要作用,在地方政府的干预下,国有企业的贷款条件相对宽松(谭劲松等,2010)。基于此,我们推断国有企业在货币紧缩的情况下会更多依赖于政府支持,对信息透明度的依赖性较低,因此,信息透明度的缓解作用相对较弱。Chen 等(2010)为此提供了相关的经验证据,即由于较低的违约风险以及政府的支持,国有企业的会计稳健性低于民营企业。考虑到产权性质的作用,我们首先区分国有与非国有样本,以进行单变量均值检验,而后分样本进行回归分析。表 3-5 的 Panel A 结果显示,国有企业信贷期限结构相对较长,并且能够获取更多的银行信贷资源;Panel B 结果显示,无论在国有样本还是在非国有样本中,信息透明度的提高均能缓解货币紧缩给企业信贷期限结构带来的不利影响,但是在非国有企业中表现得更为明显,这说明政府干预的存在并未影响信息透明度所具有的重要作用。另外,Panel B 显示货币紧缩对非国有企业信贷期限结构的影响并不明显,结合 Panel A 结果,我们发现非国有企业获取的信贷资源较少且其信贷期限结构较短,这表明货币紧缩并未对非国有企业信贷期限结构产生显著影响主要是由于银行对非国有企业放贷意愿较低,且主要授予短期信贷所致,因此非国有企业信贷期限结构对货币政策调整的敏感性较低。

表 3-5　区分产权性质回归结果

Panel A:单变量均值检验

分组	样本量	均值	差异	t 值
国有企业 LoanAssets	3113	0.224	0.027	6.38***
非国有企业 LoanAssets	1717	0.197		

Panel A：单变量均值检验

分组	样本量	均值	差异	t 值
国有企业 Maturity	3113	0.390	0.141	14.52***
非国有企业 Maturity	1717	0.249		

Panel B：回归分析

	非国有企业样本			国有企业样本		
MP	−0.120 (−1.39)	−0.109 (−1.27)	0.034 (0.25)	−0.257*** (−4.14)	−0.339*** (−5.37)	−0.382*** (−3.91)
AnalystAcc	−0.000*** (−3.19)			0.045*** (4.26)		
MP × AnalystAcc	−0.009*** (−4.91)			−1.320*** (−3.05)		
AnalystSD		−0.007*** (−4.11)			0.229*** (3.31)	
MP × AnalystSD		−0.254*** (−4.36)			0.861* (1.83)	
AnalystNum			−0.001 (−0.52)			−0.001 (−0.91)
MP × AnalystNum			−0.015 (−1.52)			0.004 (0.84)
控制变量	控制	控制	控制	控制	控制	控制
样本量	1717	1717	1717	3113	3113	3113
R-squared	0.311	0.311	0.311	0.268	0.266	0.263

注：*、**、*** 分别表示 10%、5%、1%的显著性水平。

此外，为缓解融资约束，非国有企业更愿意通过政治关联寻求政府干预（Xu et al.，2013），以获取更多长期借款（段云和国瑶，2012；李健和陈传明，2013）。是否有可能存在民营公司的政治关联降低了货币政策紧缩对信贷期限结构的影响，而同时这些公司信息透明度水平也较高的情况？Chaney 等（2011）利用 19 个国家的 4954 家公司样本发现，具有政治关联的公司其会计信息质量低于非关联公司，主要原因是政治关联公司不需要依赖提高信息质量来应对市场压力；于蔚等（2012）基于我国样本进一步印证了 Chaney 等（2011）的结论，认为政治关联表现为一种"资源效应"，而非"信息效应"，即建立政治关联并不是由于降低了借贷双方的信息不对称而获取融资优势[①]。上述研究表明，政府干预的作用机理并不是因为提高了企业信息透明度，因此我们排除了信息透明度对货币紧缩冲击的缓解作用是由政府干预所致的。

2. 公司治理的影响

针对美国等发达资本市场股权较为分散的特征，公司经营权与所有权分离引发了治理层与管理层代理冲突（Jensen & Meckling，1976）。由于偿本付息压力的影响，短期债务对管理层具有一定的治理效应（Sheifer & Vishny，1997），为获取私有收益，管理层更倾向于选择长期债务；当公司治理机制较为完善时，企业会通过引入短期债务来降低管理层的代理成本（Datta et al.，2005；Harford et al.，2006；Brochman et al.，2010）。但是在我国特殊的环境下，由于股权集中，投资者保护相对薄弱，大股东对上市公司控制力较强，治理机制相对不够完善等，在债务融资过程中，针对治理较差的公司，银行通常会通过短期贷款的方式以发挥债权人的治理作用（肖作平和廖理，2008；肖作平，2011）。

为什么公司治理与债务期限在美国的资本市场表现为互补效应，而在我国却表现为替代效应？我们认为主要有两点原因：一是由于股权分散程度的差异。对于美国的上市公司来说，股权分散程度高，股东没有动力与精力去监督管理层，治理较好的公司会通过引入债权人，尤其是短期债权人发挥治理作用；而我国的上市公司股权集中，控股股东有侵占债权人利益的动机，因此银行更倾向于发放短期信贷以加强对上市公司的控制。二是由于融资渠道的差异。由于美国资本市场存在发达的债券市场，上市公司融资渠道较广，企业会结合自身状况决定是选择公共债券融资还是选择

[①] 信息效应主要指政治关联能够起到信号作用，树立优秀典型，增进银行对企业的了解，降低双方信息不对称；而资源效应主要是指政治关联能够使企业与政府形成良好的关系，寻求政府"保护伞"，在一定程度上化解政策风险，增强企业的融资能力。

私有债务融资（银行信贷），并且债权人的逆向选择行为会体现在债券价格之中，而非信贷规模的控制中；而我国债券市场还不够发达，上市公司债务融资主要依赖于银行信贷，与此同时，我国利率未实现完全市场化，对于治理较差的公司，银行在贷款过程中的"逆向选择"行为只能通过控制信贷规模来实现，而无法体现在融资成本当中。

由于我国大股东控制的情况较为严重，基于上述分析，银行在信贷过程中可能更为关注大股东的道德风险，而非信息质量。为分析代理成本的影响，我们对大股东持股比例（BigHolder）按中位数进行分组检验（见表3-6）。结果显示，Panel A 显示无论大股东持股比例是高还是低，贷款规模并不存在显著差异；然而大股东持股比例较高的公司，信贷期限结构相对较短，这说明公司治理水平对信贷契约条款设计具有重要影响。进一步考虑信息透明度的作用，Panel B 显示两组样本中，当货币紧缩时，企业信贷期限结构会降低，并且信息透明度的提高具有一定的缓解作用，这表明考虑代理成本问题后，信息透明度的提高仍有助于缓解货币紧缩对企业信贷期限结构的影响。

表3-6　区分公司治理影响后信息透明度作用回归结果

Panel A：单变量均值检验

分组	样本量	均值	差异	t 值
BigHolder > 中位数 LoanAssets	2415	0.212	−0.005	−1.12
BigHolder < 中位数 LoanAssets	2415	0.217		
BigHolder > 中位数 Maturity	2415	0.315	−0.051	−5.38***
BigHolder < 中位数 Maturity	2415	0.365		

Panel B：回归分析

变量	BigHolder 高于中位数			BigHolder 低于中位数		
MP	−0.262*** (−3.61)	−0.257*** (−3.59)	−0.351*** (−2.99)	−0.197*** (−2.70)	−0.191*** (−2.62)	−0.128 (−1.16)

续表

Panel B：回归分析

变量	BigHolder 高于中位数			BigHolder 低于中位数		
AnalystAcc	0.000 (0.02)			−0.000*** (−3.87)		
MP × AnalystAcc	−0.617* (−1.76)			−0.009*** (−6.01)		
AnalystSD		−0.008 (−0.19)			−0.003 (−0.78)	
MP × AnalystSD		−0.730*** (−2.66)			−0.134 (−0.93)	
AnalystNum			−0.002** (−2.44)			0.001 (1.34)
MP × AnalystNum			0.002 (0.30)			−0.005 (−0.75)
控制变量	控制	控制	控制	控制	控制	控制
样本量	2415	2415	2415	2415	2415	2415
R−squared	0.285	0.285	0.287	0.314	0.314	0.315

注：*、**、*** 分别表示 10%、5%、1%的显著性水平。

二、需求因素的影响——公司特征

上文我们分析了货币紧缩对上市公司信贷期限结构的影响，并考虑了信息透明度的调节作用，然而上述研究主要对信贷供给方加以分析，而未排除公司作为信贷需求方会结合自身特点选择相应的信贷期限结构。为更深入地说明货币紧缩对信贷期限结构的影响是供给方还是需求方主导，我们考虑了公司成长性、公司债融资、资产期限结构以及流动性压力等信贷需求方因素的影响。

1. 公司成长性

一般而言，高成长性的公司信息不对称程度较高，分析师更难做出较准确的判断。因此，信息透明度对货币政策与信贷期限结构两者关系的影响可能会由于公司成长性的差异而不同。另外，公司成长性也会影响其融资需求，叶康涛和祝继高（2009）发现在银根紧缩时期，"信贷融资—投资机会反应系数"下降并不是由于高成长性公司投资机会减少所致，这在一定程度上说明货币紧缩时期，高成长性公司受到的影响更为显著。Kahle 和 Stulz（2013）基于美国金融危机的背景，发现企业借款行为更多体现为需求主导，而非供给冲击。为考虑公司成长性的影响，我们利用 Tobin Q 是否高于 1 区分高成长性样本（Tobin Q > 1）与低成长性样本（Tobin Q ≤ 1），并进行单变量检验与回归分析，结果列示于表 3-7。Panel A 显示，高成长性企业能够获取更多信贷资源且其信贷期限结构更长；Panel B 显示，无论企业成长性是高还是低，信息透明度的提高对于缓解货币紧缩对企业信贷期限结构的影响均具有显著作用，而货币紧缩对高成长性企业信贷期限结构的影响更为明显，考虑 Panel A 的结果，低成长性企业获取的信贷资源较少且信贷期限结构更短，这表明银行对低成长性企业的放贷意愿较低，且其自身信贷期限较短，因此低成长性企业的信贷期限结构对货币政策调整的敏感性较低（见表 3-7）。

表 3-7　区分公司成长性影响后信息透明度作用回归结果

Panel A：单变量检验

分组	样本量	均值	差异	t 值
Tobin Q > 1 样本 LoanAssets	4313	0.244	0.033	4.98***
Tobin Q ≤ 1 样本 LoanAssets	517	0.211		
Tobin Q > 1 样本 Maturity	4313	0.491	0.169	11.22***
Tobin Q ≤ 1 样本 Maturity	517	0.322		

Panel B：回归分析

变量	Tobin Q > 1			Tobin Q ≤ 1		
MP	−0.273*** (−5.72)	−0.260*** (−5.48)	−0.256*** (−3.21)	0.300* (1.75)	0.211 (1.04)	0.281 (1.03)
AnalystAcc	−0.000*** (−3.90)			0.108*** (4.23)		

续表

Panel B：回归分析

变量	Tobin Q > 1			Tobin Q ≤ 1		
MP × AnalystAcc	−0.009*** (−6.24)			−4.176*** (−4.04)		
AnalystSD		−0.007 (−1.59)			0.291** (2.09)	
MP × AnalystSD		−0.254* (−1.76)			−2.561 (−0.68)	
AnalystNum			−0.001 (−0.74)			−0.002 (−1.55)
MP × AnalystNum			−0.002 (−0.39)			−0.015 (−1.28)
控制变量	控制	控制	控制	控制	控制	控制
样本量	4313	4313	4313	517	517	517
R−squared	0.267	0.267	0.267	0.390	0.385	0.380

注：*、**、*** 分别表示 10%、5%、1%的显著性水平。

2. 公司债的融资替代性作用

随着资本市场的完善，我国已允许部分规模大、效益好的公司进行公司债融资，因此公司债融资在一定程度上能够替代银行信贷。为排除这些公司的影响，我们剔除了它们后重新检验货币紧缩对信贷期限结构的影响。结果显示，剔除存在应付债券样本公司后，货币紧缩仍然能够降低企业的信贷期限结构，同时，信息透明度亦具有一定的缓解作用，如表 3-8 所示。

表 3-8　剔除存在应付债券的样本后货币政策、信息透明度与信贷期限结构回归结果

Maturity	系数	t 值	系数	t 值	系数	t 值
常数项	−1.152	−6.49***	−1.146	−6.46***	−1.146	−6.08***
MP	−0.260	−4.80***	−0.248	−4.59***	−0.197	−2.20**
AnalystAcc	−0.000	−3.43***				
MP × AnalystAcc	−0.009	−5.41***				

续表

Maturity	系数	t 值	系数	t 值	系数	t 值
AnalystSD			−0.007	−1.57		
MP × AnalystSD			−0.245	−1.73*		
AnalystNum					−0.000	−0.54
MP × AnalystNum					−0.006	−1.05
Size	0.055	6.66***	0.055	6.63***	0.055	6.11***
PPE	0.252	4.64***	0.253	4.65***	0.252	4.62***
Growth	0.002	0.62	0.002	0.60	0.002	0.61
Lev	0.052	1.09	0.054	1.13	0.050	1.03
ROE	0.214	3.07***	0.214	3.08***	0.214	3.14***
CFO	0.188	2.58***	0.190	2.60***	0.187	2.56**
Cash	0.102	1.47	0.103	1.49	0.104	1.49
MB	−0.002	−1.75*	−0.002	−1.76*	−0.002	−1.75*
TobinQ	−0.006	−0.89	−0.006	−0.91	−0.006	−0.90
BigHolder	−0.001	−1.22	−0.001	−1.20	−0.001	−1.23
Dual	−0.046	−2.78***	−0.046	−2.76***	−0.046	−2.72***
样本量	4211		4211		4211	
R−squared	0.261		0.261		0.261	

注：*、**、***分别表示10%、5%、1%的显著性水平。

三、资产期限结构的影响

相比于信贷期限结构，企业资产也具有相应的期限结构，企业作为信贷需求方可能会结合资产期限结构主动调整信贷期限结构，而不受货币紧缩的影响。为考虑资产期限结构的影响，我们分别考虑了非流动资产占总资产比重和在建工程与固定资产占总资产比重，并按中位数进行分组回归检验。结果显示，无论在资产期限结构较长组还是较短组，货币紧缩均降低了信贷期限结构，这说明货币紧缩对企业信贷期限结构的影响并不是企业主动调整的结果，而是由供给所主导的，如表3-9所示。

表 3-9 区分资产期限结构后货币政策与信贷期限结构回归结果

Panel A：按非流动资产占总资产比重分组检验

	非流动资产/总资产＞中位数		非流动资产/总资产≤中位数	
	系数	t 值	系数	t 值
常数项	−0.896	−4.15***	−1.102	−5.31***
MP	−0.341	−4.90***	−0.151	−2.03**
Size	0.044	4.42***	0.055	5.73***
PPE	0.050	0.77	0.194	1.84*
Growth	0.007	0.68	−0.003	−0.84
Lev	0.244	3.85***	−0.051	−0.82
ROE	0.308	3.45***	0.224	2.59***
CFO	0.078	0.62	0.172	2.06**
Cash	0.213	1.53	0.116	1.48
MB	−0.002	−1.32	−0.002	−0.96
BigHolder	0.000	−0.07	−0.001	−1.62
Dual	−0.052	−1.84*	−0.055	−3.19***
TobinQ	−0.023	−3.10***	0.007	0.83
样本量	2415		2415	
R−squared	0.235		0.336	
F 值	18.65***		36.26***	

Panel B：按在建工程与固定资产占总资产比重分组检验

	（在建工程+固定资产）/总资产＞中位数		（在建工程+固定资产）/总资产≤中位数	
	系数	t 值	系数	t 值
常数项	−1.185	−5.28***	−0.909	−4.31***
MP	−0.341	−4.98***	−0.187	−2.48**
Size	0.056	5.46***	0.050	5.22***
PPE	0.094	1.28	−0.086	−0.67
Growth	0.002	0.16	−0.000	−0.12
Lev	0.219	3.39***	−0.072	−1.14
ROE	0.371	3.88***	0.149	1.72*
CFO	0.138	1.16	0.210	2.38**
Cash	0.230	1.73*	0.039	0.47

续表

Panel B：按在建工程与固定资产占总资产比重分组检验

	（在建工程+固定资产）/总资产>中位数		（在建工程+固定资产）/总资产≤中位数	
	系数	t 值	系数	t 值
MB	−0.001	−1.16	−0.002	−0.95
BigHolder	−0.001	−1.16	−0.000	−0.83
Dual	−0.059	−2.14**	−0.056	−3.06***
TobinQ	−0.012	−1.45	0.001	0.09
样本量	2415		2415	
R-squared	0.243		0.336	

注：*、**、*** 分别表示 10%、5%、1% 的显著性水平。

四、流动性需求的影响

当企业存在流动性压力时，企业会主动寻求短期债务融资以缓解流动性压力。企业流动性压力主要体现在应付账款方面，因为当企业无法按时偿付应付账款时，会面临巨大的成本，包括声誉损失、未来更为严格的商业信用条款、供货不及时等不利影响。因此，企业有可能主动进行短期债务融资以应对应付账款趋紧所引发的流动性压力。考虑到流动性压力的影响，我们按应付账款占资产比重的中位数分组检验货币紧缩对企业信贷期限结构的影响。结果显示，无论在应付账款占比较高的样本中还是在较低的样本中，货币紧缩均降低了企业信贷期限结构，这进一步说明了货币紧缩对企业信贷期限结构的影响主要由信贷供给方主导，见表3-10。

表3-10　区分应付账款占比高低后货币政策与信贷期限结构回归结果

	应付账款/资产>中位数		应付账款/资产≤中位数	
	系数	t 值	系数	t 值
常数项	−1.140	−5.30***	−1.633	−4.60***
MP	−0.336	−4.85***	−0.134	−1.74*
Size	0.051	5.47***	0.079	4.81***

续表

	应付账款/资产>中位数		应付账款/资产≤中位数	
	系数	t 值	系数	t 值
PPE	0.343	5.26***	0.090	1.26
Growth	−0.002	−0.34	0.000	−0.05
Lev	0.061	1.04	0.104	1.54
ROE	0.265	3.48***	0.166	1.61
CFO	0.245	2.49**	0.154	1.57
Cash	0.175	1.93*	0.030	0.32
MB	−0.005	−4.04***	−0.001	−0.63
BigHolder	−0.001	−2.32**	0.000	−0.08
Dual	−0.068	−2.78***	−0.053	−2.72***
TobinQ	−0.005	−0.52	−0.002	−0.26
样本量	2415		2415	
R−squared	0.346		0.235	

注：*、**、*** 分别表示 10%、5%、1%的显著性水平。

第六节　本章小结

　　本章以 2004~2012 年我国上市公司为样本，系统探讨了货币紧缩对企业信贷期限结构的影响以及信息透明度所起到的调节作用。研究发现，货币政策越紧缩，企业信贷期限结构越短，而信息透明度的提高能够在一定程度上缓解银根紧缩对企业融资造成的不利冲击；考虑政府干预与大股东控制等因素的影响之后，信息透明度仍具有显著的调节作用。进一步地结合企业需求方的分析，我们排除了成长性、公司债的融资替代性、资产期限结构以及流动性风险等因素的潜在干扰，这表明货币紧缩对企业信贷期限结构的影响主要是由信贷供给方主导，而非企业的主动选择。

　　本章结论表明，首先，我国货币政策的调整会通过影响企业信贷期限结构，从而作用于实体经济发展，这说明我国货币政策对信贷资源配置的影响主要由供给主导，进一步深化了我国货币政策的微观传导路径。因此，在制定货币政策时，需保持一定的平稳性，不然频繁调整的货币政策会通过影响企业信贷期限结构，加剧企业的经营风险，从而对实体经济的稳定发展产生不利影响。其次，信息透明度在提升信贷资源配置效率中发挥着重要的作用，有助于企业抵御外部的宏观供给冲击，因此企业提高信息透明度有利于降低信贷契约条款的约束性，降低经营风险。本章发现分析师作为资本市场的中介，其提供的上市公司信息能够为信贷资源配置提供直接决策的依据，对提升银行信贷决策质量与效率具有重要的借鉴作用。最后，政府需进一步深化经济体制改革，发挥市场在资源配置中的决定性作用，推动市场公平秩序的建立，尤其需要发挥信息透明度在提升资本市场与信贷资源配置效率中的重要作用，降低政府干预的影响。

第四章 货币政策、流动性管理与企业价值创造

本章概要：本章系统研究了不同宏观货币政策环境下，企业流动性管理对企业价值创造的影响。研究发现，货币政策对流动性水平与企业价值创造之间的关系存在条件效应。随着货币政策紧缩程度的增加，保持较高流动性水平有助于降低股东与债权人之间的代理冲突，缓解融资约束，对企业的价值创造具有积极效应；而随着货币政策的宽松，高流动性水平会由于占用较多长期资金，增加资金的占用成本，损害企业的价值创造。结合融资约束、投资不足以及债务融资成本的分析，进一步验证了在不同货币政策时期，流动性水平对企业价值创造具有"双刃剑"效应。本章研究表明，企业需有效结合外部宏观货币环境，构建最优流动性水平，从而为企业的价值创造发挥积极作用。同时，宏观货币政策的制定与实施也需考虑企业流动性水平的变化，从而降低货币政策调整可能引发的流动性冲击。

关键词：流动性管理；货币政策；企业价值；融资约束；投资不足

第一节 引言

流动性管理是信贷决策的重要依据之一，对于我国以信贷为主导的经济体而言，良好的流动性管理能力对于维护企业稳定经营发挥着重要的积极作用（Allen et al., 2005；Ayyagari et al., 2010），尤其在货币紧缩等宏

观经济环境不利的时期，流动性管理是应对流动性危机的主要手段（Campello et al.，2011；陈栋和陈运森，2012）。尤其是我国近些年不断出现的企业家"跑路"现象，充分说明了流动性管理在维持企业经营稳定以及实体经济可持续发展中发挥了重要作用。后金融危机时期，我国货币政策频繁调整，在频繁调整的货币政策环境下，流动性管理如何为企业创造价值呢？本章拟对此进行深入分析，以期说明流动性管理应如何依据宏观货币政策环境的变化而进行调整。

保持较高的流动性水平是降低股东与债权人代理冲突的重要机制之一，能够有效降低资金短缺成本（Diamond，1991）。然而保持较高的流动性水平占用了企业较多的长期资金，增加了企业的融资成本（Flannery，1986；Custodio et al.，2013）。因此，有效权衡资金短缺成本与资金占用成本是企业流动性管理的关键。随着我国宏观货币政策环境不确定性的加剧，企业经营所面临的风险与机遇并存，如何有效规避宏观经济政策引发的流动性危机，合理利用宏观经济政策调整所带来的有利契机，便成为企业经营实践中所需关注的重点议题。此外，分析不同的宏观货币政策环境下流动性管理如何影响企业价值创造，能够为我国货币政策的微观效应提供相应的经验证据，对我国货币政策的制定与实施具有重要的参考价值。

本章研究发现，货币政策对流动性水平与企业价值创造之间的关系存在条件效应，即随着货币政策紧缩程度的加剧，保持较高的流动性水平有助于缓解股东与债权人之间的代理冲突，缓解融资约束，对企业价值提升具有积极效用。而随着货币政策的宽松，保持较高流动性水平由于占用较多长期资金，增加了融资成本，从而导致投资不足，损害了企业价值。我们进一步结合融资约束、投资不足以及债务融资成本的分析，验证了在不同货币政策时期，流动性水平对企业价值创造所具有的"双刃剑"效应。

本章的研究贡献主要体现在如下方面：

首先，本章基于流动性管理视角，深入考察了不同货币政策环境下企业流动性管理对企业价值创造的影响机理，并发现在货币政策紧缩时期流动性管理能够发挥"未雨绸缪"的效应，促进企业价值创造；然而在货币政策宽松时期，保持较高的流动性水平则会增加企业资金的占用成本，不利于企业价值创造，损害股东财富。已往针对货币政策微观效应的研究主要探讨银行信贷资金的配置效率（叶康涛和祝继高，2009；陆正飞等，2009），以及信贷资金配置对公司绩效的影响（饶品贵和姜国华，2013b）。本章则在上述研究的基础上，考察流动性管理这一举措对企业价值创造的影响在不同货币政策时期是否存在差异，这在一定程度上拓展了货币政策微观效应的相关研究，同时对企业如何加强流动性管理具有一定的指导意义。

其次，已往研究认为货币政策对我国企业经营决策的影响主要通过作用于企业信贷融资，进而影响企业投资活动，即支持了资金供给方主导这一说法（叶康涛和祝继高，2009；陆正飞等，2009；靳庆鲁等，2012；饶品贵和姜国华，2013b）。然而，本章基于流动性视角的考察发现，信贷资金供需双方的地位在不同的货币政策时期会发生转化，即在货币紧缩时期，资金供给方占据主导地位，流动性管理能够降低流动性冲击的不利影响；而在货币宽松时期，资金需求方占据主导地位，保持较高流动性水平会造成投资不足，并且此时流动性水平在降低债务融资成本中的作用下降，从而表明较高流动性水平增加了资金占用成本，为企业信贷融资需求的相关研究（方军雄，2010；苟琴等，2014）提供了重要的补充证据。

最后，本章从融资约束、投资不足、债务融资成本等视角，深入验证了保持高流动性水平很可能会引发较高的资金占用成本，对企业价值创造具有负面效应，而已往研究更多关注于流动性水平的积极效应（Campello et al.，2011；Almeida et al.，2004），却忽视了其可能存在的负面效应。因而，对企业流动性管理来说，需同时考虑流动性水平的"双刃剑"作用，探寻最优流动性水平，为企业的价值创造发挥积极作用。

第二节　理论分析与研究假设

作为支持我国实体经济发展的重要资金来源，信贷资金对维持企业生产经营稳定与促进经济增长发挥着重要作用（Ayyagari et al., 2010）。流动性水平作为信贷契约中的重要因素之一，不仅影响着资金供给方银行面临的信用风险，而且决定着资金需求方企业所具有的资金占用成本，因而如何权衡企业的信贷融资成本与资金占用成本是企业流动性管理的关键。

对信贷资金供给方银行而言，企业流动性水平的高低是银行控制信用风险的重要决定因素，尤其在我国信息透明度相对较低、大股东控制比较严重的制度环境下，银行面临较高的代理风险，企业保持较高的流动性水平是降低银行与股东之间代理冲突的有效途径（Campello et al., 2011；Almeida et al., 2004）。此外，基于会计信息质量（Bharath et al., 2008）、公司治理（肖作平，2011）等视角的研究也发现，会计信息质量越高、公司治理越完善，企业越容易获取信贷资金支持；而当企业到期债务比例较高，流动性水平较低时，企业信用评级越差，债券发行成本越高（Gopalan et al., 2014），这支持了流动性水平在降低股东与债权人代理成本方面的重要作用。

然而，从信贷资金需求方企业视角来考虑，保持较高的流动性水平需要将部分长期资金作为短期资金使用。由于长期信贷使得银行面临更高的信用风险，因而其融资成本包含更多的风险补偿，相对而言，短期信贷资金能够通过偿本付息压力，强化公司治理、降低代理成本（Datta et al., 2005；Brochman et al., 2010）。另外，短期信贷也能增加谈判次数，形成声誉优势，享受较为优厚的信贷契约条件（Custodio et al., 2013），因而很多企业会利用"短贷长投"这种激进型资金错配方式，以享受较低的融资成本（Kahl et al., 2015；钟凯等，2016b）。Flannery（1986）利用信号理论解释了企业承担短期债务的动机在于享受较低的融资成本；方军雄（2010）也对此提供证据支持，并发现民营上市公司信贷期限结构较短的原因多是企业自主决策的结果，而非"金融歧视"，这在一定程度上表明企业保持较高的流动性水平很可能会加剧企业的资金占用成本。

综合上述研究可见，保持较高流动性既会降低股东与债权人的代理成本，缓解融资约束，也可能会导致较高的资金占用成本，损害企业价值。然而，上述研究主要将视角集中于微观层面，忽视了外部宏观货币环境所发挥的重要作用。在货币紧缩时期，企业信贷融资下降，融资成本增加（叶康涛和祝继高，2009；饶品贵和姜国华，2013b），保持较高的流动性水平有助于企业降低宏观货币政策的冲击（曾爱民等，2013）。因而，我们有必要结合宏观货币政策探讨流动性管理如何为企业创造价值。

货币政策传导机制主要包括信贷机制与价格机制（Bernanke & Blinder，1992；Bernanke & Gertler，1995），针对我国货币政策的研究证据主要支持信贷机制占据主导地位（叶康涛和祝继高，2009；靳庆鲁等，2012；饶品贵和姜国华，2013b）。但是，针对货币政策微观效应的研究更多集中于对货币紧缩的探讨，并且认为其通过影响企业的融资行为，进而作用于企业投资等经营活动，即供给主导观（Campello et al.，2010），但未进一步分析在货币宽松时期，信贷资源充足时，信贷资金配置是否仍由资金供给方银行所主导。

货币紧缩时期，市场中金融资源存量减少，银行受制于国家宏观政策调控以及信贷回收考核等压力，对外信贷行为更加谨慎，企业之间对信贷资源的争夺加剧，只有保持较高流动性水平的企业才能获取银行的信赖，获取信贷资金支持，此时流动性水平有助于缓解股东与债权人代理冲突，降低融资约束，对企业价值增值具有积极效应；而在货币宽松时期，市场中金融资源充裕，企业之间针对信贷资源的争夺压力下降，并且银行面临着较高的放贷考核压力，对企业流动性水平的关注程度较低，并且此时短期信贷资金成本更为低廉，因而企业无须保持较高的流动性水平，而且，此时短期信贷的融资成本下降，企业可以有效加以利用，从而促进企业价值创造。基于上述分析，我们提出如下假设：

H4-1 货币紧缩时期，保持较高流动性能够降低股东与债权人之间的代理冲突，缓解融资约束，提升企业价值；货币宽松时期，较低的流动性水平有助于企业享受较低的融资成本，对企业价值增值具有一定的积极效应。

第三节 研究设计

一、实证模型

为考察不同货币政策环境下企业流动性管理水平和企业价值创造之间的关系，本章使用如下检验模型进行回归分析：

$$\Delta ROE_{i,t+1} = \alpha_0 + \alpha_1 \, Liquidity\_Management_{i,t} + \alpha_2 \, MP_{i,t} + \alpha_3 \, Liquidity\_Management_{i,t} \times$$
$$MP_{i,t} + \alpha_4 \, SIZE_{i,t} + \alpha_5 \, LEV_{i,t} + \alpha_6 \, VOLCFO\_CFO_{i,t} + \alpha_7 \, Tobin\_Q_{i,t} +$$
$$\alpha_8 \, COST_{i,t} + \varepsilon_{i,t} \qquad (4-1)$$

其中，ROE 表示企业净资产收益率；Liquidity_Management 表示企业流动性管理水平的代理变量；MP 表示货币政策代理变量；其余变量定义如表 4-1 所示。为控制公司业绩与流动性管理水平之间的内生性关系，我们利用 t+1 期的净资产收益率的增长率作为因变量。

二、变量定义

1. 流动性管理水平

首先，利用财务分析中常见的流动比率（LIQUID），即流动资产与流动负债之比，作为偿债能力的代理变量之一，该指标越高表明企业利用较多的长期资金支持短期流动性需求，企业的偿债能力越高；其次，我们利用货币资金比率（CASH_BS）和现金比率（CASH_CF），分别为资产负债表中货币资金与流动负债之比、现金流量表中现金及现金等价物期末余额与资产负债表流动负债之比，作为衡量企业偿债能力的代理变量，该指标越高表明企业持有较多的现金，债务偿还能力相对越高。

2. 货币政策

本章借鉴段云和国瑶（2012）、靳庆鲁等（2012）的研究，利用货币供给量 M2 增长率超过 GDP 增长率与 CPI 增长率的部分来表示货币政策，具体计算公式如模型（4-2）所示。

$$MP = \frac{\Delta M2}{M2} - \left(\frac{\Delta GDP}{GDP} + \frac{\Delta CPI}{CPI} \right) \tag{4-2}$$

其中，M2 表示货币供给量 M2（货币和准货币），GDP 表示国内生产总值，CPI 表示消费者价格指数，MP 越大表明货币政策越宽松。

3. 企业价值创造

对于企业价值创造效应，本章利用净资产收益率（ROE）的变化量加以衡量，该指标反映了股东财富投入经过一个经营周期所获得的报酬增加状况，该指标越高表明企业价值创造越多，本章在稳健性检验中也用总资产报酬率（ROA）的变化量衡量企业价值的变动，主要分析结果与 ROE 一致。

4. 其他控制变量

本章控制变量主要包括总资产自然对数（SIZE）、资产负债率（LEV）、托宾 Q（Tobin_Q）、现金流波动率（VOLCFO）、债务资金成本（COST），同时控制行业效应。基本检验、拓展性及稳健性检验中涉及的具体变量定义如表 4-1 所示。

表 4-1　变量解释

变量	变量名称	计算方法
LIQUID	流动比率	流动资产期末余额/流动负债期末余额
CASH_CF	现金比率	现金及现金等价物期末余额（现金流量表）/流动负债期末余额

变量	变量名称	计算方法
CASH_BS	货币资金比率	货币资金期末余额（资产负债表）/ 流动负债期末余额
CFO_R	现金流比率	经营活动产生的现金流量净额/流动负债期末余额
ROE	净资产报酬率	净利润/净资产年初年末均值
ROA	资产报酬率	净利润/总资产年初年末均值
MP	货币供给量	$MP = \dfrac{\Delta M2}{M2} - \left(\dfrac{\Delta GDP}{GDP} + \dfrac{\Delta CPI}{CPI} \right)$
MP_DUM	货币政策紧缩	当 MP＜0 时，认为货币紧缩，MP_DUM 取 1，否则为 0
SIZE	企业规模	期末总资产自然对数
LEV	资产负债率	期末负债总额/期末资产总额
VOLCFO	经营活动现金流波动率	过去 3 年经营活动产生的现金流量净额标准差
OCF	经营活动现金流比率	经营活动现金流量净额/总资产期末余额
Tobin_Q	企业成长性	Tobin Q＝市场价值/总资产
GROWTH	营业收入增长率	(本年营业收入－上年营业收入) / 本年营业收入
STATE	产权性质	国有企业 State 取 1，否则为 0
COST	债务资金成本	财务费用/总债务
INVEST	投资支出	(资本支出＋并购支出－出售长期资产收入－折旧) / 总资产
AGE	公司年龄	ln (公司上市年限＋1)
RETURN	年个股回报率	考虑现金红利再投资的公司年个股回报率（本书以月回报率计算购买并持有年个股回报率）
SHORT	债务期限结构	短期负债期末余额/总负债期末余额
CSUBS	现金替代物	非现金净经营资本/总资产
PPE	有形资产比率	(固定资产＋存货) /总资产
LTG	流通股比率	流通股股数/总股数
IPM	利息保障倍数	经营活动息税前利润/利息费用
RISK	股票流动风险	月个股回报率标准差

三、样本选择

本章的研究样本为 2001~2015 年中国 A 股上市公司，由于控制变量中使用考虑过去三年经营活动产生的现金流量净额波动，企业价值增加值使用未来一期的权益净利率波动，因此本章实际的研究样本为 2004~2014 年。上市公司财务数据来自国泰安 CSMAR 数据库，货币供给量 M2、国内生产总值 GDP、消费者价格指数 CPI 等宏观经济数据来自国家统计局统计年鉴。样本筛选过程如下：剔除金融行业的样本（基于 2012 年中国证监会行业分类标准，行业代码为 J）；剔除存在数据缺失的样本；剔除资不抵债的样本；删除 ST、PT 样本；对连续性变量前后两段进行 1% 的 winsorize 处理。

第四节　实证结果

一、描述性统计

本章主要变量的描述性统计结果如表 4-2 所示。结果显示，样本期间净资产收益率增长率（ΔROE）均值（中位数）为 -0.010（-0.003），这在一定程度上表明样本期间我国上市公司盈利成长性相对不足；货币政策变量均值（中位数）为 0.013（-0.008）；流动比率（LIQUID）均值（中位数）为 1.975（1.349），表明我国上市公司存在较强的流动性水平；现金与货币资金比率（CASH_CF、CASH_BS）的均值（中位数）分别为 0.796（0.337）、0.790（0.355），两者未存在较大差异。[①]

---

① 现金流量表中现金及现金等价物余额（CASH_CF）数据起始于 2007 年，因此样本数量少于其他流动性管理指标。

表 4-2　主要变量描述性统计

变量	N	MEAN	STD	P25	P50	P75
ΔROE_{t+1}	16114	-0.010	0.115	-0.036	-0.003	0.021
MP	11	0.013	0.075	-0.034	-0.008	0.034
LIQUID	16114	1.975	2.250	0.958	1.349	2.051
CASH_CF	12931	0.796	1.575	0.173	0.337	0.716
CASH_BS	16114	0.790	1.522	0.199	0.355	0.701
SIZE	16114	21.850	1.197	20.980	21.690	22.520
LEV	16114	0.475	0.198	0.328	0.489	0.627
VOLCFO	16114	0.042	0.039	0.017	0.031	0.055
Tobin_Q	16114	1.717	1.551	0.715	1.262	2.146
COST	16114	0.013	0.036	0.003	0.019	0.033

二、回归分析结果

模型（4-1）的回归分析结果如表 4-3 所示，其中第 2~4 列与第 5~7 列分别列示了未经行业调整以及经行业中位数调整的流动性管理指标分析结果，回归均控制行业固定效应，采用公司层面的聚类稳健标准差。结果显示，流动性管理指标与未来一期"ΔROE"表现为正相关关系，除未经行业调整的 LIQUID 外，其他流动性管理变量至少在 5% 水平以上显著，这在一定程度上表明流动性水平的提高对未来价值的创造具有一定积极效应；流动性水平与货币政策交乘项系数（LIQUID × MP、CASH_BS × MP、CASH_CF × MP）显著为负，均在 1% 水平显著，表明随着 MP 的提升（即货币政策宽松程度的增加），流动性水平对企业未来价值创造的积极效应下降，而随着 MP 的下降（即货币政策紧缩程度的加剧），流动性水平对企业未来价值创造的积极效应提升，验证了 H4-1。这说明在我国频繁调整的货币政策环境下，企业流动性管理需有效结合外部宏观货币环境的变化，确定最优流动性水平，在保持偿债能力的同时，有效利用低成本融资优势，降低资金占用的机会成本，促进企业价值提升。

表 4-3　货币政策、流动性管理与企业价值增值

	ΔROE	ΔROE	ΔROE	ΔROE	ΔROE	ΔROE
	未经行业调整			经行业调整		
MP	0.214*** (11.65)	0.197*** (13.02)	0.186*** (12.17)	0.182*** (13.49)	0.183*** (13.63)	0.175*** (12.81)
LIQUID	0.001 (1.16)			0.001** (1.99)		
LIQUID × MP	−0.023*** (−4.31)			−0.022*** (−4.22)		
CASH_BS		0.001** (2.31)			0.002*** (2.85)	
CASH_BS × MP		−0.032*** (−4.42)			−0.031*** (−4.39)	
CASH_CF			0.002*** (2.91)			0.002*** (2.99)
CASH_CF × MP			−0.027*** (−3.53)			−0.026*** (−3.42)
SIZE	−0.007*** (−9.43)	−0.007*** (−9.38)	−0.007*** (−8.11)	−0.007*** (−9.36)	−0.007*** (−9.33)	−0.007*** (−8.10)
LEV	0.030*** (3.78)	0.031*** (4.06)	0.029*** (3.29)	0.031*** (3.99)	0.032*** (4.12)	0.029*** (3.30)
VOLCFO	0.025 (0.98)	0.025 (1.00)	0.020 (0.67)	0.024 (0.97)	0.025 (1.00)	0.020 (0.68)
Tobin_Q	−0.001 (−1.18)	−0.001 (−1.19)	−0.001 (−0.88)	−0.001 (−1.17)	−0.001 (−1.17)	−0.001 (−0.88)
COST	−0.112*** (−4.45)	−0.091*** (−3.44)	−0.053* (−1.95)	−0.098*** (−3.93)	−0.082*** (−3.12)	−0.051* (−1.88)
Constant	0.119*** (6.99)	0.117*** (6.90)	0.114*** (5.94)	0.117*** (6.91)	0.116*** (6.85)	0.114*** (5.98)
Industry Effects	Control	Control	Control	Control	Control	Control
r^2	0.024	0.024	0.021	0.024	0.024	0.021
N	16114	16114	12931	16114	16114	12931

注：***、**、*分别表示1%、5%和10%的显著性水平。

第五节　拓展性检验

一、融资约束的影响

如上文所述，企业保持较高的流动性水平可以缓解融资约束、降低债权人与股东之间的代理冲突、获得更多的信贷资金支持，但货币宽松时期过高的流动性水平又增加了资金占用的机会成本，不利于企业的价值创造。对此我们将结合融资约束的视角，进一步对前文研究提供深入的证据。多数研究已验证在货币紧缩时期，保持较高流动性水平能够缓解股东与债权人之间的代理冲突，降低货币紧缩的影响，然而尚未有研究深入考虑货币宽松时期，较高流动性水平是否会导致资金占用成本增加，损害企业价值创造。前文已对此进行了初步验证，此处我们将进一步结合融资约束的视角，以提供更为稳健的经验证据。如果在货币宽松时期，流动性水平较高的企业存在资金占用成本增加的现象，那么在非融资约束组中，该效应将更为明显。对此我们借鉴 Hadlock 和 Pierce（2010）、鞠晓生等（2013）、卢太平和张东旭（2014）等的研究，利用企业规模（SIZE）和企业年龄（AGE）两个与时间增长关系较弱且无内生性的变量构造 SA 指数，以衡量上市公司的融资约束水平，SA 指数的构建模型如式（4-3）所示。

$$SA = -0.737 \times SIZE + 0.043 \times SIZE^2 - 0.04 \times AGE \qquad (4-3)$$

SA 值分别按年度和行业分组排序，每年度行业组内分为 4 组，最低 1 组定义为融资约束组，最高一组定义为非融资约束组。将所有行业分别汇总得出整体的融资约束和非融资约束组[①]，分别对未来 ROE 增加值

[①] 各行业与年度组内会有奇数观测值无法均分，因此融资约束组和非融资约束组会有变量个数不一致的情况。

（ΔROE）进行回归，分组回归结果如表4-4所示。研究结果发现，无论是在融资约束样本中还是在非融资约束样本中，流动性变量与货币政策的交乘项（LIQUID × MP、CASH_BS × MP、CASH_CF × MP）均显著负相关，且至少在5%水平上显著；而后本章利用Chow检验考察流动性变量与货币政策的交乘项在两组样本中是否存在显著差异，结果表明在非融资约束组中，流动性变量与货币政策交乘项的影响更强，这表明在非融资约束组中，随着货币宽松程度的增加，保持较高流动性会导致较多的资金占用，机会成本增加，对于企业的价值创造存在不利影响，进一步验证了前文发现。

表4-4　融资约束组与非融资约束组对比分析

	ΔROE	ΔROE	ΔROE	ΔROE	ΔROE	ΔROE	Chow-test
	融资约束组			非融资约束组			
MP	0.194*** (4.34)	0.182*** (4.84)	0.169*** (4.38)	0.361*** (7.50)	0.304*** (9.36)	0.311*** (9.55)	
LIQUID	0.002** (2.16)			0.001 (0.79)			
LIQUID × MP	−0.019** (−2.17)			−0.086*** (−3.33)			χ^2=6.06 p 值=0.014
CASH_BS		0.003* (1.87)			0.005* (1.78)		
CASH_BS × MP		−0.033*** (−2.71)			−0.113*** (−3.18)		χ^2=4.53 p 值=0.033
CASH_CF			0.003* (1.80)			0.006** (2.13)	
CASH_CF × MP			−0.031** (−2.39)			−0.107*** (−2.73)	χ^2=3.45 p 值=0.063
SIZE	−0.005 (−1.03)	−0.005 (−1.04)	−0.005 (−0.77)	−0.009*** (−4.17)	−0.009*** (−4.10)	−0.005* (−1.80)	
LEV	0.075*** (2.94)	0.070*** (2.93)	0.073*** (2.69)	−0.001 (−0.05)	0.003 (0.17)	0.005 (0.27)	
VOLCFO	0.061 (0.96)	0.063 (0.99)	0.073 (1.02)	−0.031 (−0.46)	−0.031 (−0.45)	−0.112 (−1.54)	
Tobin_Q	0.000 (0.25)	0.000 (0.24)	0.001 (0.45)	−0.004*** (−2.67)	−0.004*** (−2.73)	−0.003* (−1.79)	

	ΔROE	ΔROE	ΔROE	ΔROE	ΔROE	ΔROE	Chow-test
	融资约束组			非融资约束组			
COST	-0.099* (-1.88)	-0.102* (-1.71)	-0.092 (-1.49)	-0.196** (-2.04)	-0.151 (-1.51)	-0.104 (-0.98)	
Constant	0.024 (0.24)	0.029 (0.29)	0.024 (0.19)	0.168*** (3.32)	0.161*** (3.17)	0.044 (0.71)	
Industry Effects	Control	Control	Control	Control	Control	Control	
r^2	0.017	0.017	0.019	0.036	0.036	0.045	
r^2_a	0.011	0.011	0.012	0.030	0.030	0.038	
N	3914	3914	3147	3953	3953	3180	

注：***、**、*分别表示 1%、5%和 10%的显著性水平。

二、产权性质的影响

由于国有企业承担着保增长、稳就业等社会性目标，并且政府常常作为其隐形担保人，使得国有企业在债务融资过程中面临较低的违约成本（Chen et al.，2010），同时，政府对国有企业有信贷扶持（林毅夫和李志赟，2004），这严重挤出了非国有企业的信贷资源，非国有企业在信贷市场中面临更严重的融资约束，因而流动性管理对于非国有企业而言，相对更为重要。对此，我们区分产权性质进行以下分析。

区分国有样本与非国有样本之后，模型（4-1）的回归分析结果如表4-5 所示，其中第 2~4 列、第 5~7 列分别列示了国有样本与非国有样本的检验结果。结果显示，无论是在国有样本中还是在非国有样本中，流动性变量与货币政策交乘项（LIQUID × MP、CASH_BS × MP、CASH_CF × MP）显著为负，且至少在 5%水平上显著，Chow 检验显示该变量在两组样本之间并未存在显著差异；在非国有企业样本中，流动性变量（LIQUID、CASH_BS、CASH_CF）与未来业绩变动（ΔROE_{t+1}）显著正相关，且至少在 5%水平上显著，而在国有企业样本中并未发现该结果。研究表明，流

表 4-5　国有企业组与非国有企业组对比分析

	ΔROE	ΔROE	ΔROE	ΔROE	ΔROE	ΔROE	Chow-test
	国有企业组			非国有企业组			
MP	0.215*** (9.45)	0.198*** (10.65)	0.193*** (10.05)	0.217*** (7.30)	0.197*** (8.08)	0.173*** (7.05)	
LIQUID	−0.001* (−1.82)			0.002** (2.49)			
LIQUID × MP	−0.024*** (−3.45)			−0.022*** (−2.75)			χ^2=0.03 p 值=0.868
CASH_BS		−0.001 (−0.94)			0.003*** (2.63)		
CASH_BS × MP		−0.032*** (−3.65)			−0.032*** (−2.79)		χ^2=0.00 p 值=0.995
CASH_CF			−0.001 (−0.36)			0.003** (2.52)	
CASH_CF × MP			−0.025** (−2.48)			−0.029** (−2.53)	χ^2=0.08 p 值=0.784
SIZE	−0.008*** (−6.49)	−0.008*** (−6.46)	−0.007*** (−4.87)	−0.007*** (−3.87)	−0.007*** (−3.85)	−0.008*** (−3.74)	
LEV	0.017 (1.33)	0.020 (1.62)	0.015 (1.07)	0.051*** (2.91)	0.048*** (2.89)	0.048*** (2.68)	
VOLCFO	0.007 (0.17)	0.005 (0.13)	−0.002 (−0.04)	0.043 (0.80)	0.045 (0.84)	0.039 (0.70)	
Tobin_Q	−0.002 (−1.50)	−0.002 (−1.55)	−0.001 (−0.91)	−0.000 (−0.14)	−0.000 (−0.15)	−0.000 (−0.26)	
COST	−0.227*** (−3.83)	−0.206*** (−3.32)	−0.127* (−1.81)	−0.054 (−1.42)	−0.038 (−0.90)	−0.033 (−0.83)	
Constant	0.143*** (5.33)	0.138*** (5.18)	0.114*** (3.49)	0.102** (2.55)	0.103** (2.55)	0.119*** (2.77)	
Industry Effects	Control	Control	Control	Control	Control	Control	
r^2	0.021	0.021	0.024	0.016	0.016	0.018	
r^2_a	0.019	0.018	0.020	0.013	0.013	0.014	
N	9050	9050	6776	6969	6969	6061	

注：***、**、* 分别表示 1%、5% 和 10% 的显著性水平。

动性管理对提升非国有企业的价值创造发挥着更为重要的作用，而随着货币政策的宽松，国有与非国有企业保持较高流动性均会导致较高的资金占用成本，从而对企业价值创造存在不利影响。

三、投资效率的影响

为进一步说明随着货币政策的宽松，保持较高流动性水平会引发较高的资金占用成本，在结合融资约束分析的基础之上，本部分将进一步从投资效率的角度，分析在货币宽松时期保持较高流动性水平是否会加剧企业的投资不足。我们借鉴 Richardson（2006）的投资效率测度模型，利用刘慧龙等（2014）提出的方法计算投资效率相关变量，具体模型如式（4-4）所示。

$$INVEST_t = \beta_0 + \beta_1 \, GROWTH_{t-1} + \beta_2 \, LEV_{t-1} + \beta_3 \, CASH_{t-1} + \beta_4 \, AGE_{t-1} +$$
$$\beta_5 \, SIZE_{t-1} + \beta_6 \, RETURN_{t-1} + \beta_7 \, INVEST_{t-1} + \varepsilon \qquad (4-4)$$

其中，因变量 $INVEST_t$ 为 t 年度新增投资，等于（资本支出+并购支出–出售长期资产收入–折旧）/总资产，其中，资本支出为现金流量表中的"购建固定资产、无形资产和其他长期资产支付的现金"，并购支出为现金流量表中的"取得子公司及其他营业单位支付的现金净额"项目，出售长期资产收入为现金流量表（直接法）中的"处置固定资产、无形资产和其他长期资产收回的现金净额"，折旧为现金流量表（间接法）中的"固定资产折旧、油气资产折耗、生产性生物资产折旧"，GROWTH 为营业收入增长率；LEV 为资产负债率；CASH 为现金及现金等价物除以总资产；AGE 为上市年限的自然对数；SIZE 为公司规模，即期末总资产的自然对数；RETURN 为考虑现金红利再投资的公司年个股回报率（本章以月回报率计算购买并持有年个股回报率）；此外，回归时控制了年度和行业效应。上述模型估计的残差 AbsINV_CF，即为投资效率，取值为正表示投资过度，反之为投资不足。

由于"并购支出"的可获得性较差，为增强稳健性，本章采用李延喜等（2015）的做法，在投资支出中忽略"并购支出"一项得到投资效率 AbsINV1_CF。也有学者采用资产负债表的"货币资金"度量 CASH，本章亦采用该项目代入上述模型，依前所述得到残差 AbsINV_BS 与 AbsINV1_BS。

　　本章采用了 2004~2014 年共 11 年的数据，选取货币政策变量 MP>0 的部分作为货币宽松时期的样本（分别为 2005 年、2009 年、2012 年、2013 年、2014 年），以流动性管理三个测度变量为基础，区分高流动性组与低流动性组，而后进行投资不足的单变量检验，结果如表 4-6 所示，其中 Panel A、Panel B 分别列示了基于 LIQUID、CASH_BS、CASH_CF 划分流动性水平高低的均值与中位数检验结果。结果显示，在货币宽松时期，高流动性组中更可能出现投资不足行为（均在 1%水平显著），进一步验证了前文的研究发现，即在货币宽松时期，保持较高流动性会造成较高的资金占用成本，导致企业投资不足，从而对企业价值创造存在负面效应。

表 4-6　投资效率的单变量检验

Panel A：均值检验

	低流动性组（LIQUID）		高流动性组（LIQUID）		Difference
	Mean	N	Mean	N	
AbsINV_CF	0.0025	4882	−0.0029	4882	0.0054***
AbsINV_BS	0.0026	4886	−0.0029	4885	0.0055***
AbsINV1_CF	0.0014	5039	−0.0017	5039	0.0031***
AbsINV1_BS	0.0015	5483	−0.0018	5482	0.0033***
	低流动性组（CASH_BS）		高流动性组（CASH_BS）		Difference
	Mean	N	Mean	N	
AbsINV_CF	0.0016	4882	−0.0019	4882	0.0035***
AbsINV_BS	0.0018	4886	−0.0021	4885	0.0039***
AbsINV1_CF	0.0008	5039	−0.0011	5039	0.0019***
AbsINV1_BS	0.0011	5483	−0.0014	5482	0.0025***

续表

Panel A：均值检验

	低流动性组（CASH_CF）		高流动性组（CASH_CF）		Difference
	Mean	N	Mean	N	
AbsINV_CF	0.0017	4882	−0.0021	4882	0.0038***
AbsINV_BS	0.0017	4884	−0.0021	4884	0.0038***
AbsINV1_CF	0.0009	5038	−0.0013	5037	0.0022***
AbsINV1_BS	0.0012	5044	−0.0015	5044	0.0027***

Panel B：中位数检验

	低流动性组（LIQUID）		高流动性组（LIQUID）		Difference
	Median	N	Median	N	
AbsINV_CF	−0.005	4882	−0.009	4882	0.004***
AbsINV_BS	−0.005	4886	−0.009	4885	0.004***
AbsINV1_CF	−0.004	5039	−0.005	5039	0.001***
AbsINV1_BS	−0.004	5483	−0.006	5482	0.002***
	低流动性（CASH_BS）		高流动性组（CASH_BS）		Difference
	Median	N	Median	N	
AbsINV_CF	−0.005	4882	−0.010	4882	0.005***
AbsINV_BS	−0.004	4886	−0.010	4885	0.006***
AbsINV1_CF	−0.003	5039	−0.007	5039	0.004***
AbsINV1_BS	−0.003	5483	−0.007	5482	0.004***
	低流动性组（CASH_CF）		高流动性组（CASH_CF）		Difference
	Median	N	Median	N	
AbsINV_CF	−0.005	4882	−0.010	4882	0.005***
AbsINV_BS	−0.005	4884	−0.009	4884	0.004***
AbsINV1_CF	−0.003	5038	−0.006	5037	0.003***
AbsINV1_BS	−0.003	5044	−0.007	5044	0.004***

注：***、**、*分别表示1%、5%和10%的显著性水平。

四、债务融资成本与流动性管理

流动性管理的关键在于提高企业的偿债能力，因而其对降低债务融资成本具有重要作用（Campello et al., 2011；Almeida et al., 2014）。基于前文研究发现，保持较高流动性水平能够有效抵御货币紧缩的冲击，但却在货币宽松时期提高了资金占用成本。基于融资约束、投资不足等视角的探讨，支持了货币宽松时期较高的流动性水平会引发资金占用成本增加的结论，本章我们将进一步结合债务融资成本的视角，说明在货币紧缩时期保持较高流动性水平在降低债务融资成本方面的作用是否更为明显，为前文研究发现提供更为深入的经验证据。对此，我们设计如式（4-5）所示的模型，以考察在不同货币政策时期流动性水平对降低债务融资成本的作用是否存在差异，其中 MP_DUM 为货币政策宽松还是紧缩的哑变量，当 MP 小于 0 时，认为货币紧缩，定义 MP_DUM=1，否则定义 MP_DUM=0；其他变量定义如表 4-1 所示。

$$
\begin{aligned}
COST = {} & \beta_0 + \beta_1 MP\_DUM + \beta_2 Liquidity\_Management + \beta_3 MP\_DUM \times \\
& Lipuidity\_Management + \beta_4\,STATE + \beta_5\,SIZE + \beta_6\,LEV + \beta_7\,ROA + \\
& \beta_8\,GROWTH + \beta_9\,PPE + \beta_{10}\,IPM + \beta_{11}\,RISK + \varepsilon
\end{aligned}
\tag{4-5}
$$

相应的检验结果如表 4-7 所示。结果显示，流动性水平变量（LIQUID、CASH_CF、CASH_BS）与债务融资成本（COST）显著负相关，这说明提高流动性水平对于降低债务融资成本具有一定的积极作用；流动性水平变量与货币政策交乘项（LIQUID × MP_DUM、CASH_CF × MP_DUM、CASH_BS × MP_DUM）显著为负，表明在货币紧缩时期，能够进一步增强流动性水平在降低债务融资成本方面的重要作用，对企业价值创造具有积极贡献，为前文研究发现提供了更为直接的经验证据。

表 4-7　货币政策、流动性管理与债务融资成本

	COST	COST	COST
LIQUID	−0.012*** (−45.98)		
LIQUID × MP_DUM	−0.010*** (−3.54)		
CASH_CF		−0.016*** (−49.16)	
CASH_CF × MP_DUM		−0.013*** (−2.90)	
CASH_BS			−0.016*** (−51.16)
CASH_BS × MP_DUM			−0.017*** (−3.43)
MP_DUM	0.000 (0.39)	0.003*** (6.47)	0.002*** (5.44)
STATE	−0.003*** (−7.09)	−0.001 (−1.53)	−0.001*** (−3.39)
SIZE	−0.002*** (−10.58)	−0.002*** (−9.56)	−0.002*** (−9.77)
LEV	0.006*** (3.50)	0.027*** (15.56)	0.019*** (13.82)
ROA	−0.042*** (−10.69)	−0.032*** (−6.67)	−0.036*** (−9.63)
GROWTH	−0.001** (−2.24)	−0.001 (−1.27)	−0.001*** (−3.28)
PPE	0.024*** (21.03)	0.022*** (16.29)	0.016*** (14.87)
IPM	0.000*** (6.47)	0.000*** (7.29)	0.000*** (7.04)
RISK	0.016*** (4.65)	0.011*** (2.86)	0.014*** (4.75)
_cons	0.068*** (19.09)	0.050*** (11.85)	0.049*** (14.39)
Industry Effects	Control	Control	Control
r²	0.659	0.678	0.690
r²_a	0.658	0.677	0.690
N	18065	14501	18065

注：***、**、*分别表示 1%、5%和 10%的显著性水平。

第六节　稳健性检验

一、替换流动性管理代理变量

前文主要利用流动比率（LIQUID）、货币资金比率（CASH_BS）、现金等价物比率（CASH_CF）反映企业流动性水平，这些指标主要反映为存量概念，对此，我们利用现金流比率（CFO_R），即经营活动产生的现金流量净额与流动负债之比，作为流动性水平的稳健性指标重新进行分析，该指标越大，表明企业存在较强的偿债能力，流动性水平越高。利用现金流比率（CFO_R）进行回归分析的检验结果如表 4-8 所示，这与前文研究发现一致，随着货币政策宽松程度的增加，保持较高流动性水平会由于存在资金占用成本现象，而对公司价值创造存在一定的负面效应。

表 4-8　货币政策、现金流比率与企业价值增值关系检验

	ΔROE	ΔROE	ΔROE	ΔROE	ΔROE	ΔROE
	未经行业调整	经行业调整	国有企业	非国有企业	融资约束组	非融资约束组
MP	0.202*** (12.45)	0.182*** (13.53)	0.206*** (9.92)	0.197*** (7.73)	0.181*** (4.65)	0.280*** (8.23)
CFO_R	0.005** (2.31)	0.004* (1.78)	0.005 (1.52)	0.005 (1.28)	−0.000 (−0.03)	0.013* (1.83)
CFO_R × MP	−0.120*** (−4.21)	−0.109*** (−3.58)	−0.124*** (−3.24)	−0.117*** (−2.60)	−0.117** (−2.22)	−0.147* (−1.75)
SIZE	−0.008*** (−9.42)	−0.008*** (−9.37)	−0.008*** (−6.46)	−0.007*** (−3.83)	−0.005 (−1.02)	−0.009*** (−4.15)
LEV	0.031*** (4.20)	0.031*** (4.11)	0.024** (2.01)	0.045*** (2.82)	0.064*** (2.78)	0.007 (0.40)

	ΔROE	ΔROE	ΔROE	ΔROE	ΔROE	ΔROE
	未经行业调整	经行业调整	国有企业	非国有企业	融资约束组	非融资约束组
VOLCFO	0.026 (1.03)	0.026 (1.02)	0.007 (0.17)	0.047 (0.88)	0.062 (0.98)	−0.032 (−0.47)
Tobin_Q	−0.001 (−1.26)	−0.001 (−1.23)	−0.002* (−1.67)	−0.000 (−0.14)	0.000 (0.28)	−0.005*** (−2.87)
COST	−0.103*** (−4.97)	−0.104*** (−5.03)	−0.159*** (−3.37)	−0.094*** (−2.60)	−0.157*** (−3.00)	−0.155* (−1.87)
Constant	0.120*** (7.08)	0.120*** (7.06)	0.136*** (5.12)	0.108*** (2.65)	0.034 (0.33)	0.162*** (3.25)
Industry Effects	Control	Control	Control	Control	Control	Control
r^2	0.024	0.024	0.021	0.016	0.017	0.035
N	16114	16114	9050	6969	3914	3953

注：***、**、*分别表示 1%、5%和 10%的显著性水平。

二、替换企业价值创造变量

以资产回报率（ROA）未来一期增值作为企业价值创造的衡量变量重新进行回归分析，其检验结果如表 4-9 所示。流动性指标（LIQUID、CASH_R_BS、CASH_R_CF）与企业价值增量（ΔROE）显著正相关，均在 1%水平显著；其与货币政策的交乘项（LIQUID × MP、CASH_R_BS × MP、CASH_R_CF × MP）仍显著为负，且至少在 5%水平上显著，与前文基本检验结论一致。

表 4-9　货币政策、流动性管理与 ROA 增值关系检验

	ΔROA	ΔROA	ΔROA	ΔROA	ΔROA	ΔROA
	未经行业调整			经行业调整		
MP	0.086*** (14.45)	0.084*** (15.81)	0.080*** (14.72)	0.081*** (16.29)	0.081*** (16.35)	0.078*** (15.26)
LIQUID	0.001*** (5.35)			0.001*** (4.33)		

续表

	ΔROA	ΔROA	ΔROA	ΔROA	ΔROA	ΔROA
	未经行业调整			经行业调整		
LIQUID × MP	-0.004** (-2.57)			-0.004** (-2.39)		
CASH_R_BS		0.001*** (5.09)			0.001*** (4.38)	
CASH_R_BS × MP		-0.006*** (-3.21)			-0.006*** (-2.98)	
CASH_R_CF			0.001*** (4.45)			0.001*** (4.16)
CASH_R_CF × MP			-0.005** (-2.50)			-0.005** (-2.28)
SIZE	-0.004*** (-10.33)	-0.004*** (-10.30)	-0.003*** (-8.54)	-0.004*** (-10.41)	-0.004*** (-10.33)	-0.003*** (-8.53)
LEV	0.025*** (8.49)	0.026*** (9.30)	0.028*** (8.97)	0.026*** (8.90)	0.027*** (9.48)	0.028*** (9.04)
TobinQ_A	-0.001** (-2.08)	-0.001** (-2.07)	-0.000 (-1.29)	-0.001** (-2.13)	-0.001** (-2.10)	-0.000 (-1.27)
COST	-0.066*** (-6.12)	-0.064*** (-5.99)	-0.059*** (-5.53)	-0.058*** (-5.43)	-0.059*** (-5.52)	-0.057*** (-5.35)
_cons	0.057*** (7.47)	0.055*** (7.22)	0.050*** (5.58)	0.056*** (7.28)	0.055*** (7.15)	0.049*** (5.51)
Industry Effects	Control	Control	Control	Control	Control	Control
r²	0.032	0.031	0.034	0.031	0.031	0.034
r²_a	0.030	0.030	0.033	0.030	0.030	0.033
N	18576	18576	15052	18576	18576	15052

注：***、**、*分别表示1%、5%和10%的显著性水平。

三、内生性检验

由于流动性管理水平与企业价值之间可能存在内生性关系，即流动性较好的企业价值更高，或企业价值增加程度较大的企业更注重流动性管理，因此本章采取两阶段方法，降低内生性可能对本章研究存在的潜在干扰。

首先，借鉴现有研究（连玉君等，2010；吴娜，2013）设计如式（4-6）所示的模型，进行回归分析并计算企业流动性水平的预期值（LIQUID_F、CASH_CF_F、CASH_BS_F）；而后，将流动性水平的预期值代入模型（4-1）中重新进行回归分析，检验结果列示于表 4-10 中。

$$
\begin{aligned}
\text{LIQUID}_t/\text{CASH\_CF}_t/\text{CASH\_BS}_t = {} & \alpha_0 + \alpha_1 \text{MP}_{t-1} + \alpha_2 \text{SIZE}_{t-1} + \alpha_3 \text{LEV}_{t-1} + \\
& \alpha_4 \text{SHORT}_{t-1} + \alpha_5 \text{OCF}_{t-1} + \alpha_6 \text{INVEST}_{t-1} + \\
& \alpha_7 \text{CSUBS}_{t-1} + \alpha_8 \text{TobinQ}_{t-1} + \alpha_9 \text{PPE}_{t-1} + \\
& \alpha_{10} \text{LTG}_{t-1} + \alpha_{11} \text{STATE}_{t-1} + \text{Industry Effect} + \varepsilon
\end{aligned}
$$

$$(4-6)$$

表 4-10 结果显示：流动性水平变量的预期值（LIQUID_F、CASH_CF_F、CASH_BS_F）与企业价值变动仍显著正相关，且在 1%水平显著；流动性水平变量的预期值与货币政策交乘项（LIQUID_F × MP、CASH_CF_F × MP、CASH_BS_F × MP）显著为负，且至少在 10%水平上显著，表明考虑流动性水平与企业价值可能存在内生性关系之后，前文的研究发现仍然成立，说明流动性水平与企业价值之间的内生关系并未对本章研究结论产生严重的干扰。

表 4-10　第二阶段回归结果

	ΔROE	ΔROE	ΔROE	ΔROE	ΔROE	ΔROE
	未经行业调整			经行业调整		
MP	0.169*** (5.56)	0.152*** (6.60)	0.153*** (6.48)	0.117*** (7.91)	0.119*** (7.99)	0.119*** (7.99)
LIQUID_F	0.014*** (8.41)			0.013*** (8.61)		
LIQUID_F × MP	−0.020* (−1.77)			−0.032** (−2.54)		
CASH_CF_F		0.017*** (7.31)			0.016*** (6.99)	
CASH_CF_F × MP		−0.033* (−1.81)			−0.042** (−2.03)	

续表

	ΔROE	ΔROE	ΔROE	ΔROE	ΔROE	ΔROE
	未经行业调整			经行业调整		
CASH_BS_F			0.017*** (7.64)			0.017*** (7.51)
CASH_BS_F × MP			−0.033* (−1.85)			−0.043** (−2.16)
SIZE	−0.007*** (−5.09)	−0.007*** (−5.30)	−0.007*** (−5.29)	−0.006*** (−5.00)	−0.007*** (−5.34)	−0.007*** (−5.31)
LEV	0.094*** (5.85)	0.070*** (4.50)	0.073*** (4.72)	0.087*** (5.90)	0.064*** (4.28)	0.067*** (4.58)
VOLCFO	0.013 (0.36)	0.021 (0.56)	0.021 (0.56)	0.012 (0.34)	0.018 (0.49)	0.019 (0.51)
Tobin_Q	−0.001 (−1.01)	−0.001 (−0.88)	−0.001 (−0.85)	−0.002 (−1.28)	−0.001 (−1.08)	−0.001 (−1.08)
COST	−0.007 (−0.25)	−0.023 (−0.88)	−0.016 (−0.60)	−0.020 (−0.74)	−0.033 (−1.24)	−0.026 (−0.98)
Constant	0.046 (1.57)	0.080*** (2.77)	0.077*** (2.65)	0.078*** (2.73)	0.097*** (3.37)	0.094*** (3.27)
Industry Effects	Control	Control	Control	Control	Control	Control
r^2	0.022	0.020	0.020	0.022	0.019	0.020
r^2_a	0.020	0.017	0.018	0.020	0.017	0.017
N	10741	10734	10741	10741	10734	10741

注：***、**、* 分别表示 1%、5% 和 10% 的显著性水平。

第七节　本章小结

　　本章以 2004~2015 年我国沪深 A 股上市公司为样本，探讨了偿债能力在不同货币政策环境下对企业价值创造效应的影响机理。研究发现，货币政策对流动性水平与企业价值创造之间的关系存在条件效应，即随着货币政策紧缩程度的增加，保持较高流动性水平有助于降低股东与债权人之间

的代理冲突，缓解融资约束，对企业价值提升具有积极效应；而随着货币政策的宽松，保持较高流动性水平由于占用较多长期资金，增加了融资成本，从而引发投资不足，损害了企业价值。进一步结合融资约束、投资不足以及债务融资成本的分析，验证了在不同货币政策时期流动性水平对企业价值创造具有"双刃剑"的效应。

本章研究结论表明，企业保持较高的流动性水平并不一定是一种最优决策，在不同的宏观货币环境下，其对企业价值的提升具有差异化影响，企业流动性管理需有效考虑外部宏观货币环境波动，合理确定最优水平，在保证一定流动性水平的同时，尽可能降低资金占用成本、减少投资不足的情况。对于宏观货币政策制定而言，需有效考虑企业流动性水平的变化，降低货币政策频繁调整对企业经营绩效所产生的负面效应，维持实体经济稳定发展。

第五章　货币政策、资金期限结构错配与企业业绩

本章概要： 本章基于"投资—短期贷款"敏感性，验证了"短贷长投"这种激进型融资策略在我国企业经营实践中的客观存在，并且结合中国人民银行发布的银行家货币政策感受指数，发现适度的货币政策有助于降低企业"短贷长投"。进一步结合公司业绩的分析发现，"短贷长投"对公司业绩具有负面效应，而货币政策适度水平的提高能够起到一定的缓解作用；结合融资约束与产权性质等因素的分析，排除了"短贷长投"是企业自我选择的可能。本章的结论有助于解释我国实体经济运行风险加剧的原因，以及货币政策调整对实体经济运行风险的影响，为我国地方企业家"跑路"现象的涌现提供了部分理论解释。

关键词： "投资—短期贷款"敏感性；"短贷长投"；货币政策适度水平

第一节　引言

"钱荒"一直是近些年我国金融市场中的热点议题，货币金融与实体经济割裂程度的加剧，以及融资难、融资贵的问题依旧是制约我国实体经济发展的重要因素，尤其对于中小企业而言，资金紧张仍然是企业经营发展中遇到的五大困难之一（中国企业家调查系统，2014）。在我国金融抑制的环境下，资金期限错配是否是企业应对"钱荒"的替代机制？与此同

时，受 2008 年全球金融危机的影响，为维护经济稳定发展，货币政策成为我国政府应对流动性冲击的重要手段之一，货币政策调整的适度水平是否有助于降低企业的资金期限错配，改善企业的融资结构，缓解企业面临的"钱荒"，从而促进实体经济发展？

资金期限错配主要指企业利用短期资金以支持长期投资活动，这种资金错配安排一方面能够为企业投资提供流动性支持，缓解融资约束（Campello et al.，2011）；另一方面企业的偿债压力却被进一步放大，持续经营风险加剧（Diamond，1991；Acharya et al.，2011）。具体而言，商业信用一直被认为是我国企业应对金融抑制的主要手段之一（王彦超，2014），并且在银根紧缩的环境下，成为企业的替代性融资方式（陆正飞和杨德明，2011；饶品贵和姜国华，2013a）。另外，在我国银行主导的金融体系下（Allen et al.，2005），银行信贷为企业经营提供了主要的融资支持，对经济增长发挥着重要作用（Ayyagari et al.，2010），然而受我国金融管制、投资者保护薄弱、信息透明度较低等原因的影响，银行出于风险考虑，长期信贷的意愿较低，因此往往通过短期信贷方式控制企业违约风险（Fan et al.，2012；Custodio et al.，2013；肖作平和廖理，2008），企业也只能更依赖短期信贷以支持长期投资，即"短贷长投"。然而这种激进的投融资错配模式加剧了企业自身的经营风险，同时也影响着地区金融体系稳定以及经济增长的可持续性。已往关于资金期限结构的研究更多集中于融资视角，未深入考虑投融资期限结构之间的匹配关系，本章将试图对此加以补充，分析"短贷长投"是否是我国企业应对金融抑制的替代性机制之一。

另外，货币政策作为我国政府调节宏观经济的重要手段，其效果如何一直是争论的焦点，经济增长目标硬约束往往使货币政策表现为过度调整（马草原和李成，2013）。基于微观企业视角，银根紧缩降低了企业信贷融资规模与信贷期限（叶康涛和祝继高，2009；段云和国瑶，2012；饶品贵和姜国华，2013b），并且造成企业投资效率低下（靳庆鲁等，2012；喻坤等，2014）。因此，货币政策调整的适度水平对于维护实体经济发展稳定至关重要。本章拟采用中国人民银行披露的银行家问卷调查报告中的货币政策感受指数作为反映我国货币政策适度水平的代理变量[①]，并创造性地构建测度我国企业"短贷长投"水平的模型与变量，深入探讨我国货币政策适度水平对企业投融资期限结构的影响，以期解释货币政策的非适度调整通过何种渠道加剧了实体经济风险，为 2011 年以来温州以及全国其他地区出现的企业家"跑路"现象提供一定的理论解释。

首先，本章利用我国上市公司资产负债表与现金流量表披露的财务信息，借鉴"投资—现金流"敏感性的思路（Fazzari et al.，1988），构建"投资—短期贷款"敏感性模型，以检验短期信贷对我国企业投资活动的支持作用，验证"短贷长投"的客观存在，并在此基础上，分析货币政策适度水平的提高是否有助于缓解企业"短贷长投"；其次，构建公司层面"短贷长投"水平的代理变量，不仅分析货币政策适度水平对公司层面"短贷长投"的效应，同时进一步探讨"短贷长投"对公司业绩的影响，借此不仅能够说明"短贷长投"是企业结合自身成长需求所做出的主动选择，还是受制于外部融资约束所采取的替代性机制，而且能够反映在我国金融抑制的背景下，货币政策调整的适度水平严重关系着实体经济的运行风险。研究发现，短期信贷为企业投资活动提供了重要支持，印证了"短贷长投"在我国企业经营中的客观存在，并且货币政策适度水平的提高对企业"短贷长投"具有一定抑制作用；进一步分析发现"短贷长投"对公司业绩具有负面效应，而货币政策适度水平的提高能够起到一定抑制作用，这表明"短贷长投"行为是企业受制于外部融资约束的替代性机制之一，而非结合自身需求的自主选择。本章研究结论支持了"短贷长投"是我国企业应对金融抑制的替代性机制之一的论点，货币政策适度水平的提高有助于改善企业的投融资期限结构，降低企业经营风险，这对于维护实体经济稳定发展发挥着重要作用。

本章试图在如下方面做出一定补充贡献：

首先，我们基于"投资—短期贷款"敏感性考察了"短贷长投"这一

---

① 该指数反映了在全部接受调查的银行家中，判断货币政策"适度"的银行家所占比例。

激进型投融资方式在我国企业经营实践中的客观存在，表明在我国高度金融抑制的环境下，"短贷长投"这种激进型投融资方式是商业信用之外，企业应对融资困境的另一替代性机制，并且这种投融资错配的激进型融资方式对公司业绩具有严重的负面影响。本章的发现不仅在一定程度上解释了我国金融抑制环境会通过企业的"短贷长投"行为加剧我国实体经济运行风险，可能是造成我国地方企业家"跑路"现象涌现的原因之一，而且为如何进一步深化我国市场化改革，完善我国货币金融体系，拓宽企业融资渠道提供了重要的理论借鉴。

其次，本章在现有探讨货币政策微观效应的基础之上，利用中国人民银行披露的银行家货币政策感受指数，基于企业投融资期限结构错配的视角，发现了货币政策适度水平的提高能够有效抑制企业"短贷长投"，对缓解实体经济风险具有一定的积极作用。本章不仅在饶品贵和姜国华（2013b）的基础之上，将信贷融资细分为短期信贷与长期信贷，而且结合企业投资支出，验证了我国货币政策适度水平的提高有助于缓解企业投融资期限结构的错配行为，同时为我国货币政策频繁调整所造成"超调"（马草原和李成，2013）的经济后果提供了来自企业投融资期限结构错配视角的经验证据。

最后，如何选择最优投融资期限结构的关键在于有效权衡短期资金的续借风险（Rollover Risk）与长期资金的融资成本（Financing Costs）。Kahl等（2015）发现企业在进行如并购等大型资本投资前期会采用商业票据等短期资金作为融资桥梁，以此降低融资交易成本。本章结合我国上市公司的分析发现，"短贷长投"这种投融资期限错配的财务策略降低了企业经营绩效，加剧了企业经营风险。本章研究在 Kahl 等（2015）的基础之上，说明在美国发达的融资环境下，企业主导自身的融资决策能够通过有效利用资金期限错配，降低交易成本，而对于金融抑制程度较高的新兴市场而言，由于企业融资受到外界制度环境的约束，Kahl 等（2015）的研究结论可能无法普适至新兴市场，诸如"短贷长投"之类的资金期限错配方式表现为企业应对外部融资困境的替代性机制，不仅无法有效降低交易成本，反而加剧了企业的偿债压力，进而引发实体经济运行风险，为资金期限结构错配的研究提供了来自新兴市场的新证据。

第二节 理论分析与研究假设

一、"短贷长投"的存在性及其理论分析

公司财务管理理论中企业投融资期限结构主要包括激进型、稳健型与保守型三大类型，如何合理有效地安排投融资期限结构关系到企业的可持续发展。一般而言，企业应规避激进型投融资期限结构，以避免较高的流动性风险压力，然而在企业的实践过程中，激进型投融资期限结构时常存在（Kahl et al.，2015）[①]，这是为什么呢？

由于权益资金不存在偿还压力，如何有效匹配投融资期限结构在很大程度上取决于企业如何安排债务期限结构。基于信息不对称与代理成本视角，债务供给方更倾向发放短期债务以加强风险控制（Bharath et al.，2008；Armstrong et al.，2010；Custodio et al.，2013；孙铮等，2005）。然而，基于交易成本与优序融资理论，短期债务成本相对较低，高质量公司有能力承担短期债务资金的流动性风险压力，并借此向外界传递积极信号（Flannery，1986；Goyal & Wang，2013；方军雄，2010）。与此同时，短期债务的多次谈判也有助于完善债务契约（Roberts，2015），降低企业的债务融资成本（Custodio et al.，2013）。

---

① 长航凤凰（000520）2007~2012年年报显示，其2007年长期资产占总资产比重大致为70%，而长期借款比重仅为60%左右，2012年更是低于40%，从而造成2013年仅1247万元的到期债务便使得资产规模高达50亿元的公司面临破产重组。

对于我国企业是否存在"短融长投"的激进型投融资期限结构,许多学者(陆正飞和杨德明,2011;饶品贵和姜国华,2013a;王彦超,2014)基于商业信用的视角为此提供了部分经验证据,认为商业信用更多地表现为缓解企业融资约束的一种替代性机制,而非买方市场,尤其在宏观货币供给下降的情形下,商业信用的替代性融资效应更为显著。进一步结合信贷资金加以分析,考虑到我国金融抑制程度较高的制度环境,银行作为主要的金融资源供给方面临的竞争压力相对较低,为控制信贷风险以及信贷考核压力,银行更愿意对外提供短期信贷。首先,短期信贷可以降低企业的逆向选择行为,剔除部分高风险项目参与信贷资源的争夺;其次,短期信贷能够控制企业的道德风险,通过偿本付息压力以及多次信贷契约谈判,对企业投资项目加强监督;最后,短期信贷也可以使银行具备更高的灵活性,以便应对监管部门针对信贷发放与回收的考核压力。因此,在我国非完全竞争的金融市场中,企业在信贷契约中的讨价还价能力处于劣势,其投资活动难以获取具有相同期限的长期信贷支持,只能部分依赖于短期信贷的不断续借以支持长期投资活动。基于上述分析,我们提出如下假设:

H5-1 我国企业存在"短贷长投"行为,即投资支出部分依赖于短期信贷资金支持。

二、货币政策适度水平与企业"短贷长投"

货币政策一直是各国政府调节经济发展的重要手段,尤其受 2008 年全球金融危机的影响,货币政策对应对流动性危机发挥着更为积极的效应。货币政策如何发挥其宏观调控效应依赖于信贷渠道与价格渠道(Bernanke & Blinder,1992;Bernanke & Gertler,1995),前者主要通过调控信贷规模以影响实体经济,而后者则主要通过调节融资成本影响货币供给与流通,进而作用于宏观经济发展。结合我国制度环境的考虑,目前利率尚未完全市场化,信贷渠道对我国货币政策调控效应的发挥起着主导作用（叶康涛和祝继高，2009；饶品贵和姜国华，2013b）。针对货币政策如何作用于实体经济，一种观点支持融资约束（供给观）机制，而另一种观点则支持投资需求（需求观）机制。

供给观认为宏观经济形势或政策的调整通过影响市场总体金融资源供给，对企业融资规模与融资成本产生冲击，进而影响企业投资行为。首先，多数针对2008年金融危机微观效应的研究发现，金融危机造成企业更难获取融资支持，使得公司不得不减少或推迟投资，尤其是对融资约束的公司影响更加严重（Campello et al.，2010；Ivashina & Scharfstein，2010；Duchin et al.，2010）。其次，基于宏观经济周期的研究，Erel等（2012）发现在经济萧条时期，资金供给方会发生安全投资转移行为（Flight-to-quality），即将资金投向于更为安全的资产或企业之中；McLean和Zhao（2014）结合"投资—投资机会"与"投资—现金流"敏感性的视角，发现经济萧条增加了企业外部融资成本，前者下降，而后者增加。最后，由于不动产具有较高的抵押价值，不动产价格变化影响着企业资产可抵押性的大小，对企业债务融资发挥着重要作用（Gan，2007）；Balakrishnan等（2014）则进一步发现不动产价格变化所引发的冲击，会促使企业调整会计信息质量以应对融资冲击。

需求观认为宏观经济形势或政策的变化通过影响市场总体需求，促使企业主动依据市场需求的变化调整投资决策。首先，结合2008年金融危机的研究，Kahle和Stulz（2013）发现依赖于信贷支持的公司，金融危机期间资本支出与债务融资并未显著下降且积累了更多的现金储备，而非举债经营的公司资本投资下降更为明显，因此推断金融危机通过影响市场需求变化进而作用于企业投资决策。其次，结合经济周期的分析，Korajczyk和Levy（2003）发现对于非融资约束公司，企业资本结构表现为逆周期效应，而融资约束公司则表现为顺周期效应，这表明企业会有效利用宏观经济形势的变化选择有利的融资方式，苏冬蔚和曾海舰（2011）结合我国样本的分析也为此提供了支持；王义中和宋敏（2014）认为，宏观经济不确定性的波动导致企业融资需求变化进而影响投资行为，进一步地，王义中等（2015）发现信贷供给周期的变化同样具有类似的效应。

由于我国金融抑制水平较高，企业融资受政府干预的影响程度较大，长期以来，融资约束问题一直是困扰我国企业成长的重要因素之一，而货币政策也一直被认为是缓解企业融资困境的主要手段。现有关于我国货币政策微观效应的多数研究（叶康涛和祝继高，2009；段云和国瑶，2012；靳庆鲁等，2012；李青原和王红建，2013；饶品贵和姜国华，2013b；喻坤等，2014）发现，货币政策通过调整信贷供给规模进而影响企业融资，这支持了供给观假说。然而，前述研究更多关注于货币政策紧缩与否的微观效应，却未考虑增长目标硬约束情况下，我国货币政策往往存在"超调"可能（马草原和李成，2013）。因此，针对货币政策适度水平的分析相比于探讨银根紧缩的微观效应对我国企业的经营与实体经济的发展更为重要。

对我国金融体系而言，银行作为资金供给方，面临的竞争压力较低，其对监管机构以及银行总部的揽储与信贷发放、回收等考核指标的关注程度高于绩效指标。因此，当银行家认为货币政策调整与实体经济发展实际情况较为契合，即货币政策适度水平较高时，银行在对外信贷过程中更为考虑实体经济的发展状况，其信贷期限结构将更为契合企业投资活动，企业"短贷长投"水平较低。而当货币政策调整与实体经济发展实际情况契合程度较低，即货币政策适度水平较差时，银行更注重揽储与信贷等考核指标的压力，而对企业经营的实际需求以及实体经济发展的关注程度下降，出于信贷风险控制考虑，银行更愿意利用短期信贷以降低代理风险，并提高信贷管理的灵活性，因此企业长期投资活动不得不部分依赖于短期信贷资金，"短贷长投"行为加剧。对此，我们提出如下假设：

H5-2：货币政策适度水平的提高有助于降低企业"短贷长投"。

第三节　研究设计

一、实证模型

首先，为检验我国企业"短贷长投"的存在性，我们在"投资—现金流"敏感性基础之上（Fazzari et al.，1988），借鉴 McLean 和 Zhao（2014）的方法，进一步构建"投资—短期贷款"敏感性模型，如模型（5-1），以分析我国企业投资是否对短期信贷资金具有一定的依赖性。

$$INV_{i,t} = \alpha_0 + \alpha_1\,CFO_{i,t} + \alpha_2\,ShortDebt_{i,t} + \alpha_3\,LongDebt_{i,t} + \alpha_4\,Q_{i,t-1} + \alpha_5\,Size_{i,t} +$$

$$\alpha_6\,LEV_{i,t} + \sum IND + \varepsilon_{i,t} \tag{5-1}$$

其中，INV 表示现金流量表中"购建固定资产、无形资产和其他长期资产支付的现金"，利用上一年度总资产剔除规模效应；CFO 表示现金流量表中"经营活动产生的现金流量净额"，利用上一年度总资产剔除规模效应；ShortDebt、LongDebt 分别表示企业短期和长期的信贷当期增量，利用资产负债表与现金流量表数据计算求得，利用上一年度总资产规模剔除规模效应，下文的变量定义将对该变量进行详细说明；Q 为 Tobin's Q，用以衡量投资机会；Size 为资产规模，用总资产自然对数衡量；LEV 为资产负债率。

其次，为检验货币政策适度水平对企业"短贷长投"的影响，借鉴 Almeida 等（2004）、Almeida 和 Campello（2010）的方法，先利用上述模型（5-1）分年度进行截面回归，获取每年度的"投资—短期贷款"敏感性，再利用模型（5-2），对每年度敏感性系数与货币政策变量进行分析。

$$Sensitivity_t = \beta_0 + \beta_1\,MP_t + \beta_2\,Trend_t + \mu_t \tag{5-2}$$

其中，Sensitivity 为"投资—短期贷款"敏感性，MP 为货币政策适度水平代理变量，Trend 为时间趋势变量。[①]

最后，我们借鉴 Frank 和 Goyal（2003）提出的资金缺口（Financing Deficit）衡量方法，进一步构建公司层面"短贷长投"程度的代理变量（SFLI），并利用模型（5-3），分析货币政策适度水平对公司层面"短贷长投"的影响。

$$SFLI_{i,t} = \alpha_0 + \alpha_1 MP_i + \alpha_2 Q_{i,t-1} + \alpha_3 Size_{i,t} + \alpha_4 LEV_{i,t} + \sum IND + \varepsilon_{i,t} \qquad (5-3)$$

其中，SFLI 为公司层面"短贷长投"水平的代理变量，详细计算方法见下文变量定义部分，其他变量定义同上。

二、变量定义

1. "短贷长投"

计算"短贷长投"水平的关键在于如何确定当期长期信贷与短期信贷的增量。首先，我们利用资产负债表计算长期借款本期增加额（本期长期借款 + 一年内到期非流动负债 - 前期长期借款）[②]；其次，利用现金流量表中"取得借款收到的现金"，计算当期短期信贷增量（取得借款收到的现金 - 长期借款本期增加额）；最后，利用长期借款本期增加额与现金流量表相关数据，计算"短贷长投"的代理变量（购建固定资产等投资活动现金支出 -（长期借款本期增加额 + 本期权益增加额 + 经营活动现金净流量 + 出售固定资产现金流入））。

2. 货币政策适度水平

我们将中国人民银行每季度发布的银行家问卷调查报告中"货币政策感受指数"，作为货币政策适度水平的代理变量。该指数等于在全部接受

[①] 本章未直接在模型（5-1）的基础之上加入货币政策感受指数与短期信贷的交叉项进行分析，原因在于货币政策感受指数介于 0~1，之间考虑交叉项会引起多重共线性问题，影响分析结论。

[②] 我们也在计算长期借款本期增加额中剔除了"一年内到期非流动负债"的影响，研究结论未发生改变；同时我们在后文中也剔除存在债券融资的样本加以分析，结论并未存在明显差异。

调查的银行家中，判断货币政策"适度"的银行家所占比重，取每年四个季度的平均值作为年度货币政策适度水平的代理变量。该问卷调查主要针对我国境内地市级以上的各类银行机构采取全面调查，对农村信用合作社采用分层 PPS 抽样调查，共调查各类银行机构 3100 家左右，调查对象包括各类银行机构总部负责人或一级、二级分支机构的行长或主管信贷业务的副行长①。该指标能够较为直接地反映银行家对我国货币政策调整适度水平的判断，并在一定程度上影响其信贷决策②。本章采用的相关变量定义如表 5–1 所示。

表 5–1　变量定义

变量	变量名称	说明
货币政策适度水平	MP	中国人民银行每季度发布的银行家货币政策感受指数，取每年四个季度的平均值作为代理变量
投资支出	INV	现金流量表"购建固定资产、无形资产和其他长期资产支付的现金"，利用上一年度总资产规模剔除规模效应
经营活动现金流量	CFO	现金流量表"经营活动产生的现金流量净额"，利用上一年度总资产规模剔除规模效应
长期信贷本期增加额	LongDebt	资产负债表计算，长期信贷本期增加额 = 本期长期借款 + 一年内到期非流动负债 – 前期长期借款，利用上一年度总资产规模剔除规模效应
短期信贷本期增加额	ShortDebt	资产负债表和现金流量表计算，短期信贷本期增加额 = 取得借款收到的现金 – 长期借款本期增加额，利用上一年度总资产规模剔除规模效应
投资机会	Q	Tobin Q
行业调整投资机会	Q_adj	经行业调整之后的 Tobin Q
"短贷长投"	SFLI	资产负债表和现金流量表计算，"短贷长投" = 购建固定资产等投资活动现金支出 – （长期借款本期增加额 + 本期权益增加额 + 经营活动现金净流量 + 出售固定资产现金流入），利用上一年度总资产规模剔除规模效应

① 问卷调查简介取自中国人民银行银行家问卷调查报告编制说明。
② 针对目前研究中采取的货币政策代理变量主要包括货币供给量、利率水平等指标，本章主要关注我国货币政策调整适度水平对实体经济的影响，而不关注货币政策紧缩或宽松的微观效应。

变量	变量名称	说明
"投资—短期贷款"敏感性	Sensitivity	利用模型 (5-1) 分年度回归,获取年度敏感性指数
时间趋势	Trend	控制时间趋势的影响,Trend = 当年年度 − 2003
公司规模	Size	总资产自然对数
资产负债率	LEV	负债总额/总资产
公司绩效	ROA	总资产报酬率
股权性质	State	国有 State = 1,非国有 State = 0
债券融资	Bond	若发行债券 (应付债券大于 0),则 Bond = 1,否则 Bond = 0

3. 样本选择

本章研究样本为 2004~2014 年我国 A 股上市公司[①],财务数据来自 CSMAR 数据库,银行家货币政策感受指数来自中国人民银行网站。样本筛选过程如下:剔除金融行业样本;剔除 ST 公司;剔除数据缺失样本;对连续型变量两端进行 1%winsorize 处理。

第四节　实证结果

一、描述性统计与相关系数

本章的描述性统计结果如表 5-2 所示,结果显示,2004~2014 年银行家问卷调查报告中的货币政策感受指数 (MP) 显示,我国货币政策较为适度,均值(中位数)为 60.01% (60.15%),高于 50%;公司层面"短贷

[①] 由于中国人民银行于 2004 年起开始披露银行家问卷调查报告,因此本章研究样本从 2004 年开始。

长投"代理变量（SFLI）显示其均值（中位数）为-0.09（-0.06），75分位数为0，这表明我国约有1/4的上市公司存在较为严重的"短贷长投"行为；短期信贷（ShortDebt）占上市公司上期总资产比重均值（中位数）为22%（18%），而长期信贷（LongDebt）占上市公司上期总资产比重均值（中位数）为4%（0），这在一定程度上表明我国上市公司在获取长期信贷资金方面存在一定的困难。

表5-2　描述性统计

变量	N	MEAN	SD	P25	P50	P75
SFLI	16745	−0.0900	0.150	−0.130	−0.0600	0
MP	11	0.6001	0.1299	0.5275	0.6015	0.7358
INV	16745	0.0700	0.0800	0.0200	0.0500	0.0900
CFO	16745	0.0600	0.100	0.0100	0.0500	0.100
ShortDebt	16745	0.220	0.220	0.0500	0.180	0.340
LongDebt	16745	0.0400	0.0900	0	0	0.0400
Size	16745	21.79	1.220	20.92	21.64	22.48
LEV	16745	0.480	0.200	0.330	0.490	0.630
Q	16745	1.750	1.520	0.750	1.290	2.160
Q_adj	16745	0.310	1.350	−0.410	0	0.640
ROA	16745	0.0300	0.0600	0.0100	0.0300	0.0600
State	16745	0.520	0.500	0	1	1
Bond	16745	0.0600	0.240	0	0	0

本章有关变量的相关系数如表5-3所示，结果显示货币政策感受指数与"短贷长投"、长期信贷、短期信贷、投资水平、资产负债率等存在显著的负相关关系，这在一定程度上表明货币政策适度水平越高，企业"短贷长投"程度越小；企业投资水平与经营活动现金流、短期信贷、长期信贷、托宾Q显著正相关，而与"短贷长投"负相关，这在一定程度上表明企业投资不仅取决于投资机会，也依赖于各种融资来源，而高成长性公司不会轻易采用"短贷长投"这种激进型融资方式；另外，"短贷长投"与

公司业绩之间显著负相关，在一定程度上表明"短贷长投"这种激进型融资策略对公司业绩并没有积极效应。

表 5-3　相关系数

	SFLI	MP	INV	CFO	Short Debt	Long Debt	Size	LEV	Q	ROA
SFLI	1									
MP	−0.076***	1								
INV	0.131***	−0.059***	1							
CFO	−0.357***	−0.023***	0.256***	1						
Short Debt	0.178***	−0.064***	0.152***	−0.104***	1					
LongDebt	−0.164***	−0.037***	0.288***	0.016**	0.014*	1				
Size	−0.034***	0.046***	0.121***	0.062*	0.138***	0.217***	1			
LEV	0.129***	−0.077***	−0.044***	−0.117***	0.405***	0.273***	0.346***	1		
Q	−0.079***	−0.222***	0.103***	0.141***	−0.194***	−0.023***	−0.354***	−0.400***	1	
ROA	−0.193***	−0.027***	0.177***	0.357***	−0.137***	−0.029***	0.119***	−0.360***	0.290***	1

注：*、**、***分别表示 10%、5%、1%的显著性水平。

二、回归结果

1. "投资—短期贷款"敏感性

为验证我国企业是否存在"短贷长投"这种激进型融资方式，即 H5-1，我们首先利用资产负债表与现金流量表披露的相关财务信息，有效分离企业当期取得借款中的长期信贷资金与短期信贷资金，其次借鉴"投资—现金流"敏感性的思路，进一步分析"投资—短期贷款"，以说明短期信贷资金是否是我国企业投资重要的资金来源，回归结果如表 5-4 所示。

表 5-4 列示了模型（5-1）全部样本以及分年度回归检验结果，无论全部样本还是分年度样本均显示企业投资支出与经营活动现金流、短期信贷与长期信贷显著正相关，而对于 Tobin Q，仅 2007 年样本显示为负相关，其他样本均显著正相关，这表明经营活动现金流、长短期信贷资金均

表 5-4 "投资—短期贷款"敏感性①

年份	CFO	ShortDebt	LongDebt	Q	Size	LEV	截距	样本量	R²
全样本	0.149*** (28.490)	0.077*** (29.486)	0.285*** (47.371)	0.004*** (10.363)	0.006*** (12.492)	-0.061*** (-18.993)	-0.065*** (-6.035)	16745	0.263
2004	0.224*** (10.678)	0.105*** (10.555)	0.420*** (14.841)	0.006** (2.040)	0.012*** (4.751)	-0.065*** (-4.829)	-0.191*** (-3.422)	1097	0.371
2005	0.201*** (8.802)	0.077*** (7.831)	0.440*** (17.387)	0.013*** (4.193)	0.016*** (7.219)	-0.045*** (-3.677)	-0.292*** (-6.003)	1142	0.409
2006	0.207*** (9.133)	0.087*** (8.543)	0.317*** (12.804)	0.019*** (5.415)	0.012*** (5.559)	-0.057*** (-4.617)	-0.213*** (-4.480)	1204	0.329
2007	0.165*** (8.724)	0.078*** (7.931)	0.205*** (10.651)	-0.007*** (-3.337)	0.014*** (6.938)	-0.066*** (-4.927)	-0.232*** (-5.228)	1213	0.306
2008	0.182*** (9.521)	0.088*** (9.687)	0.282*** (12.138)	0.003*** (2.987)	0.012*** (6.926)	-0.046*** (-3.779)	-0.218*** (-5.446)	1245	0.343
2009	0.127*** (7.625)	0.073*** (8.246)	0.296*** (17.293)	0.009*** (4.349)	0.006*** (3.826)	-0.043*** (-3.684)	-0.096*** (-2.601)	1385	0.318
2010	0.159*** (9.437)	0.078*** (8.946)	0.299*** (15.931)	0.002* (1.836)	0.007*** (4.072)	-0.067*** (-5.760)	-0.097** (-2.451)	1467	0.320
2011	0.154*** (8.492)	0.094*** (9.724)	0.321*** (14.412)	0.004*** (3.445)	0.007*** (3.894)	-0.080*** (-6.505)	-0.096** (-2.286)	1602	0.276

① 将表 5-4 回归分析中的 Q 替换成经行业调整之后的 Q，结论未发生改变，考虑文章篇幅，此处加以省略，有兴趣的读者可向笔者索取采用经行业调整之后的 Q 的回归结果。

货币政策、债务期限结构与企业投资行为研究

续表

年份	CFO	ShortDebt	LongDebt	Q	Size	LEV	截距	样本量	R^2
2012	0.132*** (7.645)	0.067*** (8.351)	0.368*** (17.278)	0.005*** (3.722)	0.002 (1.169)	-0.067*** (-6.890)	0.057* (1.655)	1939	0.275
2013	0.131*** (8.922)	0.060*** (8.786)	0.304*** (18.431)	0.007*** (6.318)	0.001 (1.030)	-0.049*** (-6.233)	0.043 (1.476)	2181	0.252
2014	0.127*** (9.465)	0.042*** (6.284)	0.272*** (16.177)	0.003*** (3.175)	0.000 (0.180)	-0.040*** (-4.955)	0.063** (2.241)	2270	0.214

注：*、**、*** 分别表示10%、5%、1%的显著性水平。

为我国企业的投资活动提供了重要的融资支持，验证了 H5-1，即"投资—短期贷款"敏感性较高，存在"短贷长投"行为。另外，通过比较经营活动现金流、短期信贷与长期信贷的回归系数，短期信贷的回归系数低于其余两者，这说明我国企业虽然存在"短贷长投"行为，但短期信贷并不是企业投资所需资金的最佳融资来源，是企业在金融抑制环境下所做出的次优选择。各年度"投资—短期贷款"敏感性系数如图 5-1 所示，显示了在不同年度之间，"投资—短期贷款"敏感性存在较为明显的差异。

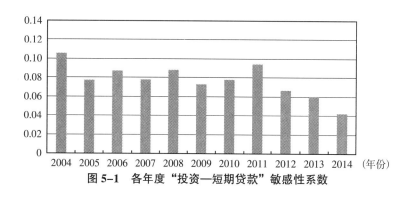

图 5-1　各年度"投资—短期贷款"敏感性系数

而后，为考虑货币政策适度水平对我国企业"短贷长投"的影响，我们利用中国人民银行披露的银行家货币政策感受指数以及模型（5-1）分年度回归中"投资—短期贷款"敏感性系数，利用模型（5-2）进行回归分析。货币政策适度水平与"投资—短期贷款"敏感性之间的散点分布，以及模型（5-2）的回归拟合线如图 5-2 所示，显示了货币政策感受指数越大，"投资—短期贷款"敏感性程度越低，这支持了 H5-2，说明货币政策适度水平的提高有助于降低企业"短贷长投"，表明我国货币政策适度水平是影响企业经营风险的重要因素之一。

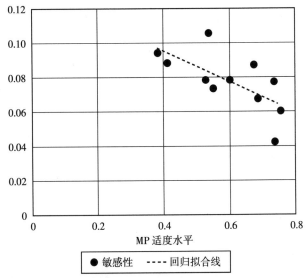

图5-2　货币政策适度水平与"投资—短期贷款"敏感性

2. 货币政策适度水平与企业"短贷长投"

前述利用"投资—短期贷款"敏感性验证了我国企业存在"短贷长投"这种激进型投融资策略以及货币政策适度水平的提高具有一定的抑制作用,我们进一步借鉴 Frank 和 Goyal（2003）构建的资金缺口（Financing Deficit）指标,构建了衡量公司层面"短贷长投"水平的代理变量,并采用模型（5-3）进行回归分析,结果如表5-5所示。

表5-5结果显示,货币政策感受指数与公司"短贷长投"水平显著负相关,这说明货币政策适度水平的提高有助于降低企业"短贷长投",进一步验证了表5-4的研究结果。货币政策感受指数的回归系数显示,当货币政策适度水平每提高一个单位,有助于降低企业7%~10%的"短贷长投"水平。另外,规模越大、成长性越高的企业,其"短贷长投"程度越低。

表 5-5　公司层面"短贷长投"

	未经行业调整 Q		行业调整 Q	
MP		−0.0996***		−0.0785***
		(−9.299)		(−8.001)
Size	−0.0123***	−0.0121***	−0.0129***	−0.0123***
	(−8.512)	(−8.502)	(−8.492)	(−8.111)
LEV	0.121***	0.109***	0.118***	0.112***
	(10.169)	(9.053)	(10.115)	(9.626)
Q（Q_adj）	−0.00575***	−0.00833***	−0.00758***	−0.00794***
	(−3.592)	(−4.961)	(−4.916)	(−5.119)
截距	0.165***	0.233***	0.173***	0.210***
	(5.055)	(6.980)	(5.068)	(6.105)
行业效应	控制	控制	控制	控制
样本量	16745	16745	16745	16745
R^2	0.043	0.049	0.044	0.048

注：*、**、*** 分别表示 10%、5%、1%的显著性水平。

第五节　进一步分析与稳健性检验

一、产权性质差异

非国有企业面临的"金融歧视"使得其在获取银行信贷支持中处于劣势地位，一方面非国有企业与银行之间存在着较高的信息不对称，另一方面国有企业的预算软约束与"隐形担保"，使得银行更愿意将长期信贷资源发放给国有企业，而通过短期信贷以控制非国有企业的代理风险（孙铮等，2005），因此非国有企业的"短贷长投"可能更为严重。另外，针对货币政策微观效应的研究认为，货币紧缩将会使非国有企业在信贷契约中处于更为不利的地位（叶康涛和祝继高，2009；喻坤等，2014），因而在不同货币政策的适度水平下，"短贷长投"可能也会存在较为明显的差异。

对此，我们首先区分产权性质，检验国有企业与非国有企业"投资—短期贷款"敏感性之间是否存在差异，以说明非国有企业面临的"金融歧视"是否迫使其采用更为激进的"短贷长投"融资结构，而后进一步考虑货币政策适度水平的影响是否存在非对称效应，表5-6第2列与第3列结果显示，国有企业与非国有企业均存在较高的"投资—短期贷款"敏感性，而非国有样本的系数更高（5%水平显著），这表明非国有企业的"短贷长投"程度更为严重；表5-6第4列与第5列结果显示，无论是国有企业还是非国有企业，货币政策适度水平的提高均有助于降低两者的"短贷长投"水平，且不存在非对称差异，这表明货币政策适度水平的提高有助于提升我国信贷资金的配置效率，降低实体经济风险，具体如表5-6所示。

表5-6　产权性质差异

变量	INV	INV	SFLI	SFLI
	非国有	国有	非国有	国有
CFO	0.115*** (15.432)	0.185*** (25.438)		
ShortDebt	0.0856*** (21.435)	0.0710*** (20.440)		
LongDebt	0.241*** (26.072)	0.318*** (40.587)		
MP			−0.0954*** (−6.153)	−0.0925*** (−8.052)
Q	0.00497*** (9.760)	0.00245*** (4.177)	−0.00937*** (−7.193)	−0.00715*** (−5.816)
Size	0.00681*** (8.392)	0.00539*** (8.957)	−0.0209*** (−10.485)	−0.00777*** (−6.435)
LEV	−0.0751*** (−15.962)	−0.0416*** (−9.199)	0.110*** (10.409)	0.101*** (12.063)
截距	−0.0684*** (−3.772)	−0.0706*** (−5.135)	0.430*** (9.455)	0.128*** (4.459)
样本量	8071	8674	8071	8674

续表

变量	INV	INV	SFLI	SFLI
	非国有	国有	非国有	国有
R^2	0.228	0.316	0.049	0.060
Chi^2（ShortDebt）	5.26**			
Chi^2（MP）			0.02	

注：*、**、*** 分别表示 10%、5%、1% 的显著性水平。

二、融资约束与非融资约束差异

虽然我国金融抑制环境在一定程度上对企业融资造成阻碍，但非融资约束企业或国有企业可能由于其具有的融资优势地位，采用"短贷长投"这种激进型融资策略以降低融资成本，对此我们借鉴 Almeida 和 Campello（2010）的研究[①]，利用公司规模与公司年龄分年度由小至大进行排序并分成 4 组，选择最大组与最小组认定为低融资约束样本与高融资约束样本加以分析，若高融资约束样本"短贷长投"程度更高，则可以排除企业自选择因素的干扰。此外，由于表 5-6 发现非国有企业受"金融歧视"的影响，其"短贷长投"程度更为严重，因此我们还将低融资约束与高融资约束样本进一步区分为非国有企业与国有企业加以比较，表 5-7 列示了相应的检验结果。

表 5-7 Panel A 和 Panel B 列示了采用模型（5-1）分样本检验的回归结果，结果显示，无论是高融资约束样本还是低融资约束样本，"投资—短期贷款"敏感性都比较高（均在 1% 水平显著）；考虑两个样本系数的差异，仅按公司规模分组中的非国有样本中，低融资约束样本的"投资—短

[①] Almeida 和 Campello（2010）利用公司规模、公司年龄、信用评级与股利政策等指标界定企业融资约束水平，本章未采用信用评级与股利政策界定融资约束的原因在于，我国的信用评级机制还不够完善，难以有效获取上市公司的信用评级水平，而我国企业的"高送转"股利政策往往表现为迎合行为（李心丹等，2014），较难说明企业的融资约束状况。

期贷款"敏感性系数高于高融资约束样本（统计意义不显著），在其余的 5 个样本分析中，高融资约束样本"投资—短期贷款"敏感性系数明显高于低融资约束样本，这说明我国企业选择"短贷长投"是应对融资约束的次优选择，而非主动调整。

表 5-7 "投资—短期贷款"敏感性分组检验

	全样本		非国有样本		国有样本	
	约束低	约束高	约束低	约束高	约束低	约束高
Panel A："投资——短期贷款"敏感性（按公司规模分组）						
CFO	0.210*** (19.224)	0.0911*** (9.112)	0.178*** (8.754)	0.0772*** (6.205)	0.215*** (16.653)	0.124*** (7.563)
ShortDebt	0.0644*** (13.198)	0.0748*** (12.236)	0.0735*** (7.565)	0.0733*** (9.310)	0.0665*** (11.617)	0.0750*** (8.074)
LongDebt	0.308*** (30.939)	0.130*** (8.253)	0.205*** (11.435)	0.138*** (6.520)	0.357*** (29.973)	0.117*** (5.259)
Q	0.00439*** (4.032)	0.00338*** (5.842)	0.00769*** (3.655)	0.00408*** (5.646)	0.00323** (2.542)	0.00113 (1.190)
Size	−0.00292** (−2.326)	0.0145*** (6.513)	0.00178 (0.552)	0.0166*** (5.963)	−0.00409*** (−2.995)	0.00704* (1.863)
LEV	−0.0330*** (−3.964)	−0.0649*** (−11.861)	−0.0466*** (−2.611)	−0.0640*** (−8.843)	−0.0353*** (−3.743)	−0.0504*** (−6.061)
Constant	0.132*** (4.294)	−0.240*** (−5.138)	0.0485 (0.647)	−0.274*** (−4.641)	0.155*** (4.532)	−0.0974 (−1.249)
样本量	4221	4179	1109	2848	3112	1331
R²	0.365	0.149	0.344	0.152	0.391	0.161
Chi² (ShortDebt)	1.24		0.00		0.46	
Panel B："投资—短期贷款"敏感性（按公司年龄分组）						
CFO	0.162*** (19.608)	0.187*** (15.227)	0.143*** (10.825)	0.147*** (9.677)	0.168*** (15.765)	0.252*** (11.845)
ShortDebt	0.0529*** (12.218)	0.103*** (16.952)	0.0660*** (8.213)	0.111*** (14.251)	0.0475*** (9.421)	0.0939*** (9.214)
LongDebt	0.254*** (26.631)	0.460*** (25.699)	0.199*** (13.070)	0.453*** (17.344)	0.289*** (23.340)	0.463*** (18.288)

	全样本		非国有样本		国有样本	
	约束低	约束高	约束低	约束高	约束低	约束高
Panel B："投资—短期贷款"敏感性（按公司年龄分组）						
Q	0.00577*** (8.738)	0.00611*** (7.501)	0.00734*** (7.182)	0.00603*** (6.560)	0.00530*** (5.945)	0.00597*** (3.425)
Size	0.00589*** (7.382)	0.00562*** (4.665)	0.00986*** (6.623)	0.00620*** (3.443)	0.00394*** (4.070)	0.00363** (2.103)
LEV	−0.0297*** (−5.538)	−0.0681*** (−8.320)	−0.0367*** (−4.074)	−0.0822*** (−7.861)	−0.0230*** (−3.462)	−0.0453*** (−3.030)
截距	−0.0953*** (−4.587)	−0.0452* (−1.740)	−0.180*** (−4.780)	−0.0316 (−0.818)	−0.0566** (−2.250)	−0.0430 (−1.142)
样本量	4197	4245	1608	2831	2589	1414
R^2	0.325	0.274	0.351	0.230	0.333	0.367
Chi^2 (ShortDebt)	28.83***		9.97***		11.88***	

注：*、**、*** 分别表示 10%、5%、1%的显著性水平。

如表 5-8 所示 Panel A 和 Panel B 列示了采用模型（5-3）分样本检验的结果，结果显示，仅在国有企业中的高融资约束样本中，货币政策感受指数与公司"短贷长投"无关，其他检验均显示货币政策感受指数越高，企业"短贷长投"程度越小，即货币政策适度水平的提高有助于缓解企业"短贷长投"；进一步比较货币政策感受指数系数的大小，我们发现低融资约束样本系数的绝对值显著高于高融资约束样本系数的绝对值，这说明低融资约束企业对货币政策调整更为敏感，银行作为货币政策的主要执行者更倾向于对低融资约束企业提供长期信贷支持。

表 5-8　公司层面"短贷长投"分组检验

	全样本		非国有样本		国有样本	
	约束低	约束高	约束低	约束高	约束低	约束高
Panel A：公司层面"短贷长投"（按公司规模分组）						
MP	−0.128*** (−8.761)	−0.0674*** (−3.031)	−0.161*** (−4.840)	−0.0741*** (−2.613)	−0.108*** (−6.711)	−0.0444 (−1.227)

续表

	全样本		非国有样本		国有样本	
	约束低	约束高	约束低	约束高	约束低	约束高
Panel A：公司层面"短贷长投"（按公司规模分组）						
Size	−0.00847***	−0.0141**	−0.0222***	−0.0143*	−0.00697***	−0.0168
	(−4.063)	(−2.339)	(−3.701)	(−1.918)	(−3.203)	(−1.605)
LEV	0.0426***	0.0602***	0.0581*	0.0564***	0.0371***	0.0584***
	(3.329)	(4.462)	(1.928)	(3.245)	(2.670)	(2.693)
Q	−0.0154***	−0.00554***	−0.0157***	−0.00655***	−0.0145***	−0.00333
	(−8.270)	(−3.403)	(−3.964)	(−3.226)	(−6.924)	(−1.201)
截距	0.255***	0.249**	0.545***	0.296*	0.222***	0.259
	(4.949)	(1.972)	(3.956)	(1.867)	(4.026)	(1.187)
样本量	4221	4179	1109	2848	3112	1331
R²	0.072	0.032	0.080	0.033	0.074	0.053
Chi²（MP）	5.06**		4.15**		2.16	
Panel B：公司层面"短贷长投"（按公司年龄分组）						
MP	−0.103***	−0.0715***	−0.110***	−0.0934***	−0.0885***	−0.0306
	(−5.462)	(−3.481)	(−3.183)	(−3.425)	(−4.004)	(−1.015)
Size	−0.00471**	−0.0200***	−0.0116***	−0.0326***	−0.00358	−0.00746***
	(−2.287)	(−7.818)	(−3.000)	(−7.596)	(−1.453)	(−2.638)
LEV	0.125***	0.119***	0.132***	0.135***	0.120***	0.0877***
	(9.547)	(7.688)	(5.686)	(6.562)	(7.589)	(3.893)
Q	−0.00383**	−0.00698***	−0.00507*	−0.00832***	−0.00174	−0.00739**
	(−2.193)	(−3.667)	(−1.833)	(−3.476)	(−0.742)	(−2.369)
截距	0.0459	0.419**	0.222**	0.698***	−0.00783	0.139**
	(0.832)	(7.386)	(2.198)	(7.597)	(−0.119)	(2.114)
样本量	4197	4245	1608	2831	2589	1414
R²	0.052	0.048	0.055	0.055	0.060	0.079
Chi²（MP）	1.31		0.14		2.42	

注：*、**、*** 分别表示 10%、5%、1%的显著性水平。

三、"短贷长投"与公司业绩

前文我们基于"投资—短期贷款"敏感性以及公司层面的"短贷长

投"深入验证了"短贷长投"这一激进型融资结构在我国企业经营实践中的客观存在，并利用银行家货币政策感受指数印证了货币政策适度水平的提高有助于缓解企业采用"短贷长投"这种激进型融资方式，此处我们将进一步基于公司业绩视角，分析"短贷长投"的经济后果。

Kahl 等（2015）基于商业票据的视角，发现美国企业会利用商业票据作为长期投资的融资桥梁，这种较为激进的融资方式能够降低企业的交易成本，并且随后会通过发行债券替换商业票据。对美国资本市场而言，其融资渠道广阔，企业面临的融资约束程度较低，然而我国金融抑制程度相对较高，融资工具与融资渠道较为单一，"短贷长投"的激进型融资结构更多表现为企业的被迫选择。因此，"短贷长投"可能对公司业绩具有负面效应，难以支持 Kahl 等（2015）的发现，对此，我们利用当期 ROA 与下一期 ROA 进行检验，结果如表 5–9 所示。

表 5–9　"短贷长投"与公司业绩

Panel A："短贷长投"与公司业绩

变量	ROA_t	ROA_{t+1}	ROA_t	ROA_{t+1}	ROA_t	ROA_{t+1}
SFLI	−0.0413*** (−11.418)	−0.0539*** (−12.555)	−0.0420*** (−11.555)	−0.0529*** (−12.324)	−0.109*** (−6.239)	−0.0598*** (−3.837)
MP			−0.0107*** (−3.096)	0.0251*** (7.300)	−0.00256 (−0.675)	0.0259*** (6.768)
SFLI × MP					0.104*** (4.124)	0.0114 (0.485)
LEV	−0.101*** (−26.390)	−0.0627*** (−16.180)	−0.102*** (−26.150)	−0.0600*** (−15.208)	−0.102*** (−26.177)	−0.0600*** (−15.207)
Size	0.0149*** (23.808)	0.00981*** (14.690)	0.0149*** (23.749)	0.00993*** (14.940)	0.0149*** (23.828)	0.00994*** (14.941)
Q	0.00929*** (16.925)	0.00768*** (13.288)	0.00901*** (15.534)	0.00846*** (13.517)	0.00899*** (15.555)	0.00846*** (13.521)
截距	−0.273*** (−19.852)	−0.180*** (−12.202)	−0.266*** (−18.976)	−0.200*** (−13.220)	−0.272*** (−19.313)	−0.201*** (−13.175)
样本量	16745	14362	16745	14362	16745	14362
R^2	0.269	0.155	0.269	0.158	0.270	0.158

Panel B：考虑产权性质的影响

	ROA	ROA	ROA	ROA
	非国有	国有	非国有	国有
SFLI	−0.0388*** (−11.742)	−0.0423*** (−10.936)	−0.132*** (−7.620)	−0.0766*** (−4.135)
MP			−0.00414 (−0.817)	−0.00376 (−0.801)
SFLI×MP			0.142*** (5.436)	0.0545* (1.861)
Size	0.0188*** (31.462)	0.0129*** (29.492)	0.0190*** (31.845)	0.0129*** (29.520)
LEV	−0.0935*** (−30.030)	−0.106*** (−34.964)	−0.0960*** (−30.351)	−0.107*** (−34.948)
Q	0.00974*** (26.014)	0.00908*** (21.523)	0.00937*** (24.180)	0.00880*** (19.775)
截距	−0.356*** (−26.779)	−0.232*** (−23.293)	−0.357*** (−26.105)	−0.229*** (−21.948)
样本量	8071	8674	8071	8674
R^2	0.271	0.276	0.275	0.276
Chi² (SFLI)	0.33			
Chi² (SFLI+SFLI×MP)			3.23*	

注：*、**、*** 分别表示10%、5%、1%的显著性水平。

表5-9 Panel A 列示了"短贷长投"与公司业绩之间的检验结果。结果显示，无论是否考虑货币政策感受指数，"短贷长投"与当期 ROA 和下一期 ROA 均表现为显著负相关关系（1%水平显著），这说明我国企业"短贷长投"的激进型融资结构损害了公司业绩，并且间接说明了我国企业的"短贷长投"行为并不是企业的自我选择；考虑货币政策感受指数的影响，比较第5列与第7列结果，我们发现货币政策适度水平的提高有助于提升公司未来绩效，这阐明了我国货币政策适度调整对实体经济发展的

重要意义；比较第4列与第6列结果，我们发现考虑"短贷长投"与货币政策适度水平的交互效应之后，货币政策适度水平的提高有助于降低"短贷长投"对当期公司业绩的负面效应，货币政策适度水平与当期公司业绩的关系不再显著。如表5-9所示，Panel A结果表明"短贷长投"对公司业绩有严重的不利影响，货币政策适度水平的提高有助于缓解"短贷长投"对当期业绩的负面效应，而对未来业绩无明显作用。

表5-9 Panel B列示了考虑产权性质差异后的检验结果。结果显示，在不考虑货币政策感受指数时，无论是国有企业还是非国有企业，"短贷长投"对公司业绩均具有负面效应（1%水平显著），且不存在显著差异；进一步考虑货币政策感受指数后，货币政策适度水平的提高均有助于缓解"短贷长投"对公司业绩的负面效应，并且非国有企业的净效应高于国有企业，这表明货币政策适度水平的提高对非国有企业具有更为积极的效应，也进一步印证了货币政策的非适度调整可能是诱发地方民营企业老板"跑路"行为涌现的诱因之一。[①]

四、债券融资的影响

随着我国市场化进程的加速，部分企业已获取债券融资资格，并通过发行债券获取融资来源，为排除债券融资对前文的研究结论可能造成的影响，我们剔除了"应付债券"余额大于0的样本，并对余下样本重新加以检验，结果如表5-10所示。结果显示，剔除债券融资的影响并未影响前文的研究结论。

[①] 2011年我国四个季度平均货币政策感受指数为38.35%，为样本研究期间最低值，而这一年也是我国地方民营企业老板"跑路"行为涌现之年。

表 5-10　剔除债券融资的影响

变量	INV	SFLI	ROA	ROA
CFO	0.146*** (8.210)			
ShortDebt	0.0799*** (18.282)			
LongDebt	0.282*** (8.095)			
MP		−0.101*** (−8.863)		−0.00260 (−0.640)
SFLI			−0.0417*** (−11.134)	−0.110*** (−6.066)
SFLI × MP				0.106*** (4.013)
Q	0.00375*** (4.141)	−0.00891*** (−5.290)	0.00921*** (16.572)	0.00891*** (15.216)
Size	0.00555*** (5.497)	−0.0145*** (−9.434)	0.0156*** (23.154)	0.0157*** (23.177)
LEV	−0.0637*** (−15.309)	0.107*** (8.797)	−0.101*** (−25.923)	−0.102*** (−25.684)
截距	−0.0585*** (−2.871)	0.282*** (7.824)	−0.289*** (−19.553)	−0.288*** (−19.051)
样本量	15674	15674	15674	15674
R²	0.266	0.050	0.267	0.269

注：*、**、*** 分别表示 10%、5%、1%的显著性水平。

第六节　本章小结

本章首先探讨了我国企业"短贷长投"激进型融资结构的客观存在，并利用资产负债表与现金流量表披露的财务数据，构建"投资—短期贷款"敏感性加以验证；其次利用中国人民银行披露的银行家货币政策感受指数，发现货币政策适度水平的提高有助于缓解企业"短贷长投"程度，并且能够降低"短贷长投"对公司业绩的负面效应；最后进一步分析排除了"短贷长投"是企业自主选择的影响，并且对于非国有企业而言，货币政策适度水平的提高对降低"短贷长投"对公司业绩的负面效应具有更为明显的作用，间接说明了货币政策的非适度调整可能是诱发地方民营企业家"跑路"行为涌现的诱因之一。

本章研究表明，我国企业的"短贷长投"是企业应对金融抑制的次优选择，加剧了实体经济的潜在风险，如何拓宽企业融资渠道，降低融资流通环节将是我国深化金融体系改革的重点之一。此外，货币政策的适度调整对于企业经营的稳定以及实体经济的可持续发展发挥着重要作用，未来货币政策的调整如何充分考虑实体经济需求、降低实体经济风险仍需深入探讨。

另外，受制于数据限制，本章研究的样本期间相对较短，同时由于可能存在内生性问题，本章研究结论的稳健性在一定程度上受到了影响。

第六章 货币政策、财政补贴与企业创新投资

本章概要：基于融资约束与融资来源视角，本章探讨了宏观经济政策的重要组成部分——货币政策与财政补贴对企业创新投资的作用机理。研究发现，货币紧缩加剧了创新企业的融资约束，并使创新投资更为依赖内部资金；财政补贴作为财政政策的重要组成部分，为企业的创新投资提供了重要的融资支持，然而在货币紧缩时期，这一效应并未加强，主要是由于货币紧缩的同时财政补贴下降所致；进一步研究排除了产权性质、投资需求以及公司业绩等因素可能存在的潜在干扰。本章为宏观经济政策如何影响企业创新投资提供了相应的经验证据，对于如何完善我国宏观经济政策、提高企业创新投资、促进经济结构转型与可持续发展具有一定的借鉴意义。

关键词：货币政策；财政补贴；创新投资；融资约束；融资来源

第一节　引言

创新投资是一国经济社会稳定、持续高速发展的重要内生驱动力（Solow，1957），如何完善创新投资制度环境对于维持经济稳定发展具有举足轻重的作用。于我国而言，依赖于传统高投入、高消耗经济发展模式的弊端逐步显现，产能过剩、产业结构不平衡等问题的涌现抑制了我国经

济的可持续发展，推动建立创新驱动的经济发展模式已刻不容缓。然而，由于创新投资所具有的高风险、高资产专用性、低可抵押性等异质性特征，以及我国企业融资渠道单一等因素的存在，使得融资约束问题一直严重制约着我国企业创新投资的发展。作为我国政府维护经济发展稳定的重要宏观经济政策，宏观货币政策与政府财政补贴如何影响企业创新投资的融资约束与融资来源？对此问题的回答，不仅能够从宏观政策层面发掘影响企业创新投资融资约束的成因，而且能为货币政策与财政政策如何作用于我国宏观经济发展提供相应的经验证据与理论借鉴。

随着市场经济的逐步推进、创新型国家战略举措的实施，以及经济"新常态"提出的"以科技创新驱动经济发展"等要求，企业创新投资的热情被大幅度激发。通过查阅《中国统计年鉴》，2000 年以来我国"研究与开发支出相当于国内生产总值的比重"呈现高速增长的趋势，由 2000 年的 1.00%增长至 2011 年的 1.84%[①]。不少研究基于法制环境（Brown et al.，2013）、公司治理（唐清泉和徐欣，2010；黄俊和陈信元，2011；温军和冯根福，2012）、金融发展（Brown et al.，2009；Ayyagari et al.，2011；解维敏和方红星，2011）等视角，为我国创新投入的持续增长提供了部分理论解释。然而与发达国家相比，我国仍存在较大的差距，2012 年的《国际统计年鉴》显示，世界平均"研究与开发支出相当于国内生产总值的比重"为 2.07%，而我国仅为 1.44%，同期日本（3.44%）、韩国（3.21%）、德国（2.54%）、新加坡（2.53%）等国家均维持在世界平均水平之上[②]。受全球金融危机的冲击以及产业结构转型、经济增速下降压力的影响，我国政府频繁调整货币政策与财政政策，以期提振经济发展。然而宏观经济政策的调整能否通过融资约束与融资来源途径影响企业创新投资，对于提升我国企业创新动力、推动我国经济稳定持续发展至关重要。

本章研究发现，货币紧缩加剧了创新企业的融资约束，并使得创新投

---

① 数据统计来自于《中国统计年鉴》（2005，2007，2008，2009，2011，2012）。
② 数据统计来自于《国际统计年鉴》（2012）。

资更为依赖内部资金；财政补贴作为财政政策的重要一环，为企业创新投资提供了重要的融资支持，然而在货币紧缩时期，这一效应并未加强，这主要由于货币紧缩的同时财政补贴下降，难以发挥更强的支持作用。此外，我们进一步排除了产权性质、投资需求、公司业绩等因素对本章研究结论可能产生潜在的干扰。

本章对现有研究做出了如下补充性贡献：第一，本章深入探讨了宏观货币政策与财政政策对企业创新投资的影响，进一步拓展了宏观经济政策与微观企业行为之间的互动关系研究范畴，阐释了宏观经济政策能否通过拓宽企业创新融资渠道，进而优化产业结构与促进经济增长。首先，本章发现货币紧缩加剧了创新企业与创新投资的融资约束，表明货币政策会通过影响创新企业与创新投资融资约束的渠道，从而作用于宏观经济发展。其次，财政补贴作为财政政策的重要组成部分，为企业创新投资提供了重要的融资支持，表明财政政策在提高经济增长质量中发挥着重要作用，同时为财政补贴与企业创新的相关研究提供了补充证据（Gonzalez et al.，2005；Guo et al.，2016；白俊红，2011；白俊红和李婧，2011；解维敏等，2009；杨洋等，2015），进一步说明了财政补贴对企业创新投资具有激励效应，而非挤出效应。最后，本章综合考虑了货币政策与财政政策之间的互动作用，但并未发现在货币紧缩时期，财政补贴对企业创新投资发挥着更强的支持作用，这表明在我国未来宏观经济政策调整的过程中，需进一步重视货币政策与财政政策的互动关系，有效利用财政政策的针对性特征，降低货币政策调整可能对经济结构调整所产生的不利影响。

第二，本章为已往关于企业创新投资与融资约束的有关研究（康志勇，2013；卢馨等，2013；李汇东等，2013）提供了基于宏观经济政策视角的新证据。已往相关研究主要结合创新投资的异质性特征分析其引发融资约束的机理，以及哪些融资来源能够缓解创新投资面临的融资约束。本章基于宏观货币政策与财政政策视角，说明了引发创新企业与创新投资融资约束的宏观因素，以及宏观经济政策的调整如何为创新投资提供融资来源，为如何应对创新投资面临的融资约束提供了理论参考。

第三，本章基于我国这一新兴资本市场制度环境，为以往基于发达资本市场探讨企业创新投资融资约束与融资来源的研究做出了一定补充。基于美国等发达资本市场的研究主要认为股权资金是支持企业创新投资的重要资金来源（Brown et al.，2009；Brown et al.，2013），而本章结合中国上市公司样本的分析发现，对于我国企业的创新投资而言，政府财政补贴资金发挥着更为重要的支持作用，这表明与发达资本市场相比，新兴市场国家中企业创新投资面临更高的不确定性融资环境，政府财政补贴是降低企业创新投资风险、强化企业创新投资动力的有效手段之一，这对新兴市场国家如何促进企业创新投资具有一定的借鉴意义。

第二节　理论分析

一、货币政策对创新投融资约束的影响

Modigliani 和 Miller（1958）认为，在完美的市场中，企业价值只与投资机会相关，而融资决策对企业价值不会产生显著影响。然而，在现实世界中，信息不对称等金融摩擦的存在使企业在投资机会出现时往往会面临较高的外部融资成本，导致外部融资成本高于内部资金（Myers & Majluf，1984），这便使企业面临着不同程度的融资约束问题（Fazzari et al.，1988）。与普通资本投资相比，创新投资具有风险高（Hall，2002）、调整成本高（Brown & Peterson，2011）及正外部性（Holmstrom，1989）等诸多异质性，这使创新投资面临比固定资产等普通资本投资更为严重的融资约束问题（Brown et al.，2009；康志勇，2013；卢馨等，2013；李汇东等，2013；Hsu et al.，2014），并且在金融危机时期更为明显（Campello et al.，2010）。

虽然之前关于企业创新投资融资约束问题的研究取得了较为丰富的研究结论，但对外部宏观资金供给波动对企业创新投资影响机制的探讨尚待深入。针对外部宏观经济环境如何影响企业行为的研究，目前主要存在两种观点——供给冲击与需求变化。供给冲击观（Campello et al., 2010; Erel et al., 2012; Custodio et al., 2013）认为外部宏观经济环境通过影响企业外部融资从而影响企业投资行为，如 Campello 等（2010）比较了融资约束与非融资约束企业在金融危机时期资本投资的变化，发现融资约束企业获取的外部融资支持更少，资本投资下降水平更高；Erel 等（2012）、Custodio 等（2013）则基于信息质量视角，发现在经济环境衰退时期，外部资金供给方更注重信息质量，从而进行投资安全转移（Flight to Quality）。需求变化观（Korajczyk & Levy, 2003; Kahle & Stulz, 2013）则认为外部宏观经济环境通过影响市场需求，从而影响企业投资行为，如 Korajczyk 等（2003）认为，企业会有效利用外部宏观经济形势选择成本最低的融资方式；Kahle 等（2013）则发现金融危机时期，依赖于银行信贷的企业资本支出并未下降，而且积累了大量现金，这在一定程度上表明金融危机引发了投资需求变化，进而影响企业资本投资活动。

对于我国货币政策如何影响企业创新活动，本章认为主要由供给主导，即通过作用于企业的融资约束，进而影响创新企业的投资活动与创新投资水平。原因如下：第一，现有多数研究认为我国货币政策主要通过信贷渠道发挥作用（叶康涛和祝继高，2009；饶品贵和姜国华，2013b；陆正飞等，2009；靳庆鲁等，2012），而且由于我国利率尚未完全实现市场化，这种信贷渠道往往通过信贷配给方式放贷给企业，价格机制的作用有限。第二，在我国银行主导的金融体系下（Allen et al., 2005），相对于资金需求方企业而言，银行作为资金供给方，面临的竞争压力较低，其能够在信贷契约中占据主导地位，当银根紧缩时，银行更为关注央行信贷控制要求，而非企业的实际经营需求。第三，创新投资具有高风险、高资产专用性等异质性特征，这加剧了资金供需双方的信息不对称，使得企业创新投资更为依赖于内部资金（鞠晓生等，2013），在面临银根紧缩的情况下，银行更关注资金安全，为加强风险控制，对创新企业及其创新投资的放贷意愿下降，并且会提出更为严苛的契约条款，进一步加剧了融资约束。

对于创新企业而言，企业参与创新活动在一定程度上增加了企业自身的不确定性风险，包括研发失败风险、创新成果被模仿和抄袭风险等，即使信贷契约能够有效限制信贷资金用途，不直接为企业创新投资提供融资支持，可是债权人仍然承担着企业参与创新活动潜在的连带风险，当企业创新活动失败或创新成果被抄袭，企业未来现金流生产能力下降，进而可能影响企业偿债能力，损害债权人利益。因此，在货币紧缩时期，相比于其他企业，创新企业面临着更高程度的融资约束。基于上述分析，我们提出如下假设：

H6-1 货币紧缩会加剧创新企业面临的融资约束。

二、货币政策、财政政策与创新投融资来源

企业资金来源主要包括内源融资与外部融资，对普通资本投资而言，随着企业融资约束程度的加剧，资本投资更加依赖内部现金流（Fazzari et al.，1988）。对于企业创新投资而言，内部资金可能发挥着更为重要的支持作用，如同前述分析，企业创新投资一方面具有高资产专用性等异质性特征，使得银行等外部资金供给方难以对企业创新投资项目加以有效监督，加剧了代理冲突；另一方面在创新项目融资过程中，企业存在"报喜不报忧"的动机，即在信息披露中更愿意报告创新项目的未来收益，而对创新项目存在的风险加以规避。在货币紧缩导致信贷资金供给减少、总体融资规模下降时，企业需决定在资金有限的状况下，优先安排创新投资还是普通资本投资。由于创新投资所具有的持续性以及较高的沉没成本，在外部经济环境不利时期，企业会优先安排资金支持创新投资（Brown & Petersen，2014）。因此，在货币紧缩时期，企业创新投资则更加依赖内部资金。基于上述分析，我们提出如下假设：

H6-2 随着货币紧缩程度的增加，企业创新投资更加依赖内部资金。

企业创新投资的外部融资来源主要包括债务资金与股权资金。首先，针对债务融资，由于企业创新具有高度不确定性、高风险、无固定回报期等异质性特征，信息不对称问题严重，债务资金并非是支持企业创新投资的有效资金来源（Hsu et al.，2014）。其次，对于股权资金而言，虽然由于其不存在偿债与抵押压力，是支持企业创新投资的有效资金来源（Brown et al.，2009；Brown et al.，2013），然而，在不同宏观货币环境下，股权资金成本并非固定，随着宏观货币政策紧缩，一方面，投资者的风险溢价提高，股权融资成本增加；另一方面，股权融资行为需经过发审委的严格审批（Chen & Yuan，2004），证监会也会依据宏观经济政策要求控制上市公司的股权融资行为。

　　此外，作为财政政策的重要组成部分，财政补贴也是支持企业创新投资的重要外部融资来源。创新投资不仅由于高风险的特性引发了较高的融资约束问题，而且创新产出存在一定的溢出效应，具有公众品的属性，因而会造成一定的市场失灵和创新投资不足（Zuniga-Vicente et al.，2014），而政府财政补贴则是解决市场失灵的有效手段之一。一方面，财政补贴资金能够为企业创新投资提供直接的资金支持（Gonzalez et al.，2005；Guo et al.，2016；白俊红，2011；白俊红和李婧，2011；解维敏等，2009；杨洋等，2015），而且能够选择创新产出价值较高的项目进行投资（Czarnitzk & Lopes-Bento，2014）；另一方面，企业获取财政补贴能向市场传递积极效应，吸引更多外部投资者参与创新投资（Takalo & Tanayama，2010），这表明政府财政补贴对企业创新投资具有一定的激励效应。

　　可是，也有观点认为财政补贴并未对企业创新投资发挥有效的支持作用。首先，部分研究认为财政补贴对企业创新投资的激励作用存在条件差异，只有在财政补贴达到一定规模的情形下才具有激励作用（Huang et al.，2016），或者财政补贴的激励效应仅在某些特定行业发挥作用（Hong et al.，2016）。其次，财政补贴资金具有一定的挤出效应，挤出本该由企业内部资金与市场资金参与的创新投资活动（Wallsten，2000；Duguet，2003）。最后，财政补贴会加剧企业针对财政资源的争夺，诱发各种寻租行为，并未有效支持企业创新投资（余明桂等，2010），而创新投资往往是上市公司提升业绩、进行盈余管理的重要手段（逯东等，2010；孔东民等，2013；王红建等，2014）。因此，财政补贴对企业创新投资并未表现出明显的支持作用，相反表现出了负面效应。

考虑到我国的制度环境，首先，财政补贴是依据一定时期我国政府的政治、经济和社会等政策目标而制定与实施的一项重要经济政策。随着我国创新型国家战略以及"万众创新"等政策的实施，财政补贴是降低企业创新风险、增强企业创新动力的重要手段，具备较强的目的性与政策性。其次，财政补贴主要针对特定项目进行补贴，具有特定性与专项性，而且我国财政补贴对企业创新投资的支持主要体现在税收优惠与直接补贴，具备一定的持续性，对于激发企业创新动力、提升企业业绩具有一定积极作用（Lee et al.，2014）。最后，随着我国财政资金监管与税收监管机制的完善，企业利用财政补贴进行寻租行为的空间缩小，因而我们预期我国政府财政补贴对企业创新投资具有重要的支持作用，是创新投资的有效融资来源。基于上述分析，我们提出如下假设：

H6-3 政府财政补贴对企业创新投资具有重要的融资支持作用。

考虑到宏观经济环境的影响，货币紧缩会加剧创新企业的融资约束，从而可能迫使企业削减创新投资，进而导致产业结构失调，影响经济可持续发展，此时财政政策能否成为企业创新投资更为依赖的融资来源，促进企业的创新投资呢？首先，货币政策与财政政策是我国政府调节经济的重要手段，近年来货币政策调整频繁，而积极的财政政策始终是我国财政政策的基调，因此财政补贴作为政府财政政策的重要组成部分，能够对货币紧缩起到一定的对冲效应（庄芳等，2014）。其次，相比于货币政策，财政政策具有一定的独立性（杨子晖等，2008），政府可以利用财政补贴有效选择创新项目与创新企业进行支持，尤其在银根紧缩引发产业结构失调的情况下，财政补贴能够与货币紧缩形成互补，降低货币紧缩的不利影响（张志栋和靳玉英，2011）。最后，政府财政补贴一般而言会结合企业创新投资项目的时间期限对企业提供资金支持，包括税收优惠与直接补贴，当货币紧缩使得企业其他融资来源下降时，企业创新投资可能更为依赖政府财政补贴的资金。基于上述分析，我们提出如下假设：

H6-4a 随着货币紧缩的加剧，财政补贴对企业创新投资的融资支持作用更强。

上文主要关注供给渠道，即货币政策通过影响企业融资行为进而作用于投资决策，却可能忽视了在货币政策紧缩的同时，市场需求不足，企业创新投资与政府财政补贴可能会下降。一方面，Hud 等（2015）发现在经济危机时期，财政补贴对企业创新投资存在一定的挤出效应，原因在于此时企业创新投资下降，但该效应并不具有持续性，这表明在宏观经济环境不利时期，企业创新投资的需求下降导致财政补贴并未发挥很好的支持效应。另一方面，货币政策紧缩的同时，政府财政补贴资金供给也有所降低，难以对创新投资发挥更重要的支持作用。基于上述分析，我们提出如下假设：

H6-4b 随着货币紧缩的加剧，财政补贴对于企业创新投资的融资支持作用并不显著。

第三节 研究设计

一、检验模型

1. 货币紧缩对创新投资融资约束的影响

借鉴 Almeida 等利用内外部资金替代性分析融资约束的思路（Almeida & Campello，2010），本章设计如式（6-1）所示的固定效应模型，区分创新企业样本与非创新企业样本，通过分样本比较验证 H6-1，即货币紧缩会加剧创新企业的融资约束。[①]

$$EX\_FIN_{i,t} = \alpha_t + \alpha_i + \alpha_1 CF_{i,t} + \alpha_2 MP_{i,t} + \alpha_3 MP_{i,t} \times CF_{i,t} + \sum Control_{i,t-1} + \varepsilon_{i,t}$$

$$(6-1)$$

其中，EX_FIN 表示企业外部融资之和，包括股权融资与债务融资，利用总资产剔除规模效应；CF 表示企业经营活动现金流，即现金流量表中"经营活动产生的现金流量净额"，利用总资产剔除规模效应；MP 为货币政策的代理指标。按照 Almeida 等（2010）的思路，模型（6-1）中系数 α_1 应显著小于 0，即内外部资金存在替代关系；若货币紧缩加剧了企业融资约束水平，则系数 α_3 应显著大于 0。由于本章主要关注于创新企业与非创新企业融资约束程度的差异，以及货币紧缩是否会加剧创新企业融资约束，此处主要对分样本的系数比较加以分析。[②] 若创新企业融资约束程度更高，则在创新企业样本中，系数 α_1 应显著大于非创新企业样本，即创新企业内外部资金的替代关系下降；若货币紧缩加剧了创新企业的融资约束，则创新企业样本中系数 α_3 应显著高于非创新样本。

2. 企业创新投资的融资来源

结合前述理论分析，为考察不同货币政策环境下，创新企业的创新投资对不同融资渠道的依赖程度，本章设计固定效应模型（6-2），深入验证 H6-2、H6-3、H6-4a、H6-4b。

$$RD_{i,t} = \beta_t + \beta_i + \beta_1 CF_{i,t} + \beta_2 DEL\_CASH_{i,t} + \beta_3 DEBT_{i,t} + \beta_4 SHARE_{i,t} +$$

$$\beta_5 SUBSIDY_{i,t} + \beta_6 MP_{i,t} + \beta_7 MP_{i,t} \times CF_{i,t} + \beta_8 MP_{i,t} \times DEL\_CASH_{i,t} +$$

[①] 本章主检验中未采用传统的"投资—现金流"与"现金—现金流"敏感性模型分析创新企业的融资约束问题，原因如下：首先，针对"投资—现金流"敏感性模型，对于创新企业而言，其创新投资会被包含在"投资—现金流"敏感性模型中的"投资"变量中，导致实证分析有偏；其次，针对"现金—现金流"敏感性模型，该模型反映了企业的预期融资约束水平，基于鞠晓生等（2013）与 Brown 和 Petersen（2014）的研究，企业的现金储备为创新投资提供了重要的融资支持，因此，基于"现金—现金流"敏感性模型的分析也可能会导致本章实证分析有误。基于上述原因，本章采用 Almeida 和 Campello（2010）的思路，利用内外部资金替代关系的变化以检验创新企业的融资约束问题。

[②] 由于本章主要采用固定效应模型进行回归，因此在分样本系数差异的检验过程中，主要借鉴连玉君等（2010）采用的 Bootstrap 方法进行固定效应模型的分样本系数差异检验。

$$\beta_9 \, MP_{i,t} \times DEBT_{i,t} + \beta_{10} \, MP_{i,t} \times SHARE_{i,t} + \beta_{11} \, MP_{i,t} \times SUBSIDY_{i,t} +$$

$$\sum Control_{i,t-1} + \varepsilon_{i,t} \qquad\qquad (6-2)$$

其中，RD 表示企业创新投资，利用企业 R&D 当年投资水平加以衡量，数据来自上市公司年报，利用总资产剔除规模效应；DEL_CASH 表示现金持有变化量，利用总资产剔除规模效应；DEBT 表示债务融资总额，包括信贷融资与债券融资，利用总资产剔除规模效应；SHARE 表示"吸收投资收到的现金"，利用总资产剔除规模效应；SUBSIDY 表示收到的政府财政补助，数据来自上市公司年报，利用总资产剔除规模效应；其他变量定义同上。如若 H6-2 成立，则系数 β_7 显著大于 0，或者 β_8 显著小于 0，前者表示企业创新投资更加依赖于经营活动现金流，后者表示企业创新投资更为依赖现金储备。如若 H6-3 成立，则系数 β_5 显著大于 0。如若 H6-4a 成立，则系数 β_{11} 显著大于 0。

二、变量定义

1. 货币政策

本章利用中国人民银行每季度发布的银行家问卷调查中披露的货币政策感受指数作为本章货币政策的替代变量。该问卷调查对我国境内地市级以上的各类银行机构采取全面调查，调查对象为全国各类银行机构的总部负责人，及其一级分支机构、二级分支机构的行长或主管信贷业务的副行长，因此该问卷所披露的货币政策感受指数能够较为综合全面地反映我国货币政策环境，并且银行家作为货币政策的实际落实人，其对货币政策的感受状况对其信贷决策发挥着重要作用，能够在一定程度上反映我国货币政策的具体实施状况。

对货币政策的衡量方法，还包括货币供给量波动、利率水平等指标，然而这些指标却存在如下一些局限。首先，对于货币供给量波动来说，中央银行通过调整宏观经济的总体货币流通量以实施相应的货币政策，然而货币供给量的波动传导至实体经济所需的时间难以准确估计，即货币政策的滞后效应难以明确衡量；其次，基于利率水平，目前我国金融体系还未实现利率的完全市场化，难以较好地反映市场中货币供需状况。基于此，本章采用中国人民银行每季度发布的银行家问卷调查中披露的货币政策感受指数作为本章货币政策的衡量指标，取每年四个季度的平均数作为当年货币政策感受指数，并利用 1 减去当年货币政策感受指数形成变量 MP。[①]

2. 创新企业

结合《高新技术企业认定管理办法》针对高新技术企业认定的标准以及以往研究（鲁桐和党印，2014；潘越等，2015）针对创新企业的界定，依据 2012 年证监会行业分类标准，本章将医药制造业（C27），计算机、通信和其他电子设备制造业（C39），信息传输、软件和信息技术服务业（I），科学研究和技术服务业（M）的上市公司定义为创新企业，即 RD_Dum=1。而后利用该"先验"样本，探讨创新企业是否面临着更为严重的融资约束问题，以及货币紧缩是否会加剧创新企业的融资约束。

3. 财政补贴[②]

我们通过手工搜集上市公司年报以获取财政补贴数据，具体过程如下：

第一，搜集现金流量表附注"收到的其他与经营活动有关的现金"或"收到的其他与筹资活动有关的现金"中披露的有关政府补助金额作为本章财政补贴的数据（包括税收优惠）；

第二，在现金流量表附注中未披露政府补助金额的情形下，进一步查阅利润表附注，将与收益相关的政府补助金额作为本章财政补贴的数据（包括税收优惠）；

第三，对于现金流量表附注与利润表附注均未披露政府补贴金额的情

---

① 变量 MP 利用 1 减去当年货币政策感受指数求得，此举主要便于后文结果解释，即 MP 越大，货币政策紧缩程度越高，不会对本章研究结论造成影响。
② 通过实地访谈与查阅相关资料，我们在实证分析中采用当期财政补贴加以分析。原因如下：首先，政府财政补贴的申请与发放只有在创新投资计划或支出的当期发生，而且财政补贴资金一般不会提前发放，以避免企业可能挪用财政补贴资金；其次，对于财政补贴资金的使用，财政部门有着严格的监管，如企业未能有效利用当年发放的财政补贴资金，则需退回，并对企业以后年度申请财政补贴具有严重的不利影响。

形，认为企业未收到政府补助，将财政补贴数据定义为 0。

4.控制变量

借鉴 Brown 等（2009，2013）、Ayyagari 等（2011）、温军和冯根福（2012）、李汇东等（2013）的研究，本章选取 ROA、资产负债率、公司规模、Tobin's Q 等变量作为控制变量，具体变量定义如表 6-1 所示。

表 6-1　变量定义

变量	变量名称	说明
货币政策	MP	每年四个季度央行发布的银行家货币政策感受指数平均值
外部融资总额	EX_FIN	债务融资与股权融资之和，利用总资产剔除规模效应
经营活动现金流	CFO	现金流量表"经营活动产生的现金流量净额"，总资产剔除规模效应
创新企业	RD_Dum	若属于创新企业，则定义为 1，否则为 0
创新投资	RD	R&D 投资支出，手工搜集上市公司年报，总资产剔除规模效应
现金储备	DEL_CASH	期末货币资金与期初货币资金之差，总资产剔除规模效应
债务融资现金流	DEBT	信贷融资与债券融资之和（净额），总资产剔除规模效应
股权融资现金流	SHARE	现金流量表"吸收投资收到的现金"，总资产剔除规模效应
政府财政补贴	SUBSIDY	企业获得的财政补贴，手工搜集上市公司年报，总资产剔除规模效应
公司业绩	ROA	总资产报酬率
资产负债率	LEV	负债总额/总资产
公司规模	SIZE	总资产自然对数
公司成长性	Q	Tobin's Q
持有现金	CASH	货币资金/总资产
股权集中度	HHI	前五大股东持股比例平方和
经济周期	GDP	国内生产总值（GDP）增长率
股权性质	STATE	国有 STATE=1，非国有 STATE=0

三、样本选择

2007 年起我国开始实施新企业会计准则，针对企业 R&D 支出的会计处理进行了较大的变革，为保证数据一致性，本章研究样本选取 2007~2014 年中国 A 股上市公司，数据主要来自 CSMAR 数据库，R&D 投资水平与政府财政补贴数据通过手工搜集整理上市公司年报获得，同时对样本及数据进行如下处理：①由于金融行业经营业务以及会计处理的特殊性，剔除金融行业公司；②由于多数 ST 公司净资产小于 0，且其经营可持续性存在一定的问题，剔除 ST 公司；③删除数据存在缺失的样本；④为降低异常值对回归分析的影响，对连续型变量两端进行 1% 缩尾（winsorize）处理。

第四节　实证结果

一、描述性统计

如表 6-2 所示，Panel A 与 Panel B 分别列示了本章全样本与创新企业样本的描述性统计结果。Panel A 结果显示，在全样本中，企业外部融资净额均值（中位数）约占总资产的 6.2%（2.1%），经营活动现金流均值（中位数）约占总资产的 5.0%（4.8%），货币政策变量描述性统计结果表明，在样本期间，我国货币政策相对宽松。Panel B 结果显示，R&D 创新活动支出均值（中位数）约占总资产的 0.8%（0），这表明我国企业 R&D 投资相对较低[1]，经营活动现金流均值（中位数）约占总资产的 5.5%（5.1%），现金持有变化均值（中位数）约占总资产的 0.9%（-0.1%），股

---

[1] 基于 1990~2004 年的分析，Brown 等（2009）发现美国上市公司研发投入占总资产比重的均值（中位数）为 17%（11.6%）；结合 32 个国家 1990~2007 年的分析，企业研发投入占总资产的均值（中位数）为 5.3%（1.8%）（Brown et al., 2013），这在一定程度上表明我国上市公司研发投入水平相对较低。

权融资现金流均值（中位数）约占总资产的 3.0%（0），债务融资现金流均值（中位数）约占总资产的 2.5%（0），政府财政补贴均值（中位数）约占总资产的 0.9%（0.5%）。

表 6-2 描述性统计

Panel A：全样本

变量	N	MEAN	SD	P25	P50	P75
EX_FIN	11523	0.062	0.133	−0.005	0.021	0.099
CFO	11523	0.050	0.096	0.001	0.048	0.100
SIZE	11523	21.71	1.266	20.83	21.55	22.39
LEV	11523	0.455	0.215	0.291	0.465	0.621
Q	11523	2.061	4.461	0.844	1.492	2.504
ROA	11523	0.044	0.221	0.015	0.039	0.067
HHI	11523	0.062	0.103	0.001	0.008	0.083
CASH	11523	0.207	0.165	0.0910	0.157	0.273
MP	8	0.418	0.140	0.288	0.424	0.531
GDP	8	0.101	0.023	0.084	0.095	0.116

Panel B：创新企业样本

变量	N	MEAN	SD	P25	P50	P75
RD	2672	0.008	0.017	0	0	0.006
CFO	2672	0.055	0.088	0.007	0.051	0.100
DEL_CASH	2672	0.009	0.126	−0.058	−0.001	0.051
DEBT	2672	0.025	0.086	−0.009	0	0.048
SHARE	2672	0.030	0.096	0	0	0.005
SUBSIDY	2672	0.009	0.010	0.002	0.005	0.011
SIZE	2672	21.24	1.023	20.58	21.16	21.77
LEV	2672	0.348	0.204	0.171	0.335	0.491
Q	2672	3.096	9.518	1.420	2.229	3.516
ROA	2672	0.050	0.087	0.021	0.051	0.082
HHI	2672	0.048	0.082	0.001	0.006	0.058

续表

Panel B：创新企业样本

变量	N	MEAN	SD	P25	P50	P75
MP	8	0.418	0.140	0.288	0.424	0.531
GDP	8	0.101	0.023	0.084	0.095	0.116

二、实证检验结果

1. 货币政策与创新企业融资约束

模型（6-1）的回归分析结果如表6-3所示，其中第2列与第4列列示了创新企业样本的分析结果，第3列与第5列列示了非创新企业样本的分析结果。结果显示，在不考虑货币政策影响的情况下，在创新企业样本和非创新企业样本中，经营活动现金流（CFO）的系数分别为-0.391与-0.457，显著小于0，与Almeida等（2010）的发现一致，这表明企业内外部资金之间体现为一定的替代关系，采用分样本Bootstrap检验结果显示，创新企业样本中经营活动现金流（CFO）的系数显著高于非创新企业（1%水平显著），这表明相较于非创新企业，创新企业可能面临更高的融资约束压力。考虑货币政策的影响，在创新企业样本和非创新企业样本中，经营活动现金流与货币政策的交乘项（CFO×MP）分别为0.958和0.164，显著大于0，这表明随着货币紧缩程度的提高，内外部资金之间的替代关系下降。采用分样本Bootstrap检验结果显示，创新企业样本中系数CFO×MP显著大于非创新企业样本（1%水平显著），这表明在货币紧缩环境下，创新企业内外部资金替代关系下降程度更高，说明货币紧缩加剧了创新企业面临的融资约束水平，支持了H6-1。

2. 企业创新投资的融资来源

表6-3结果表明，货币紧缩会加剧创新企业的融资约束，因而我们需要进一步关注创新企业的创新投资融资来源问题。创新企业创新投资的各融资来源及其与货币政策之间的交互效应如表6-4所示，其中第2~3列未

表6-3　货币政策与创新企业融资约束

变量	创新企业	非创新企业	创新企业	非创新企业
	EX_FIN	EX_FIN	EX_FIN	EX_FIN
CFO_t	−0.391***	−0.457***	−0.762***	−0.526***
	(−10.41)	(−31.67)	(−9.18)	(−12.46)
MP_t			0.022	−0.026*
			(0.72)	(−1.77)
$CFO_t \times MP_t$			0.958***	0.164*
			(5.06)	(1.75)
$SIZE_{t-1}$	−0.080***	−0.066***	−0.074***	−0.066***
	(−9.54)	(−19.99)	(−8.74)	(−19.94)
LEV_{t-1}	0.091**	−0.075***	0.081**	−0.077***
	(2.56)	(−5.35)	(2.27)	(−5.50)
Q_{t-1}	0.003***	0.007***	0.003***	0.007***
	(3.42)	(6.95)	(2.70)	(6.23)
ROA_{t-1}	0.227***	−0.001	0.218***	−0.000
	(6.24)	(−0.19)	(6.04)	(−0.03)
GDP_{t-1}	−1.084***	−0.386***	−1.405***	−0.543***
	(−6.60)	(−5.24)	(−6.38)	(−5.38)
HHI_{t-1}	0.046	0.001	0.053	0.002
	(1.10)	(0.04)	(1.27)	(0.14)
$CASH_{t-1}$	−0.217***	−0.240***	−0.221***	−0.243***
	(−8.09)	(−16.99)	(−8.07)	(−17.02)
Constant	1.890***	1.631***	1.786***	1.636***
	(10.34)	(21.10)	(9.77)	(21.15)
行业效应	控制	控制	控制	控制
Observations	2672	11523	2672	11523
R−Squared	0.125	0.154	0.137	0.155

注：*、**、*** 分别表示10%、5%、1%的显著性水平。

考虑货币政策的影响，第4~5列加入了货币政策与融资来源之间的交乘项。结果显示，在不考虑货币政策影响的情形下，经营活动现金流（CFO）、股权融资（SHARE）、财政补贴（SUBSIDY）系数均显著大于0，这表明经营活动现金流、股权融资与财政补贴为企业创新投资提供了相应的融资支持；尤其对于财政补贴而言，SUBSIDY 系数约为 0.10，高于经营活动现金流与股权融资，这表明财政补贴每提高 1 个单位，企业的创新投资就增加 10%，这在一定程度上说明财政补贴为企业创新投资提供了重要的融资支持。考虑货币政策的影响之后，只有财政补贴（SUBSIDY）系数仍然显著大于 0，这表明无论是否考虑货币政策的影响，财政补贴均对企业创新投资提供了重要的融资支持，支持了 H6-3；经营活动现金流与货币政策的交乘项（CFO×MP）显著大于 0，表明在货币紧缩时期，企业创新投资可能更为依赖于内部资金，这在一定程度上验证了 H6-2；财政补贴与货币政策交乘项（SUBSIDY×MP）并不显著，表明货币政策并未对创新投资与财政补贴之间的关系发挥一定的调节效应，未发现证据支持 H6-4a。此外，表 6-4 第 4~5 列结果中货币政策变量（MP）系数并不显著，这在一定程度上表明货币政策对企业创新投资可能并未产生直接影响。

表 6-4　企业创新投资的融资来源

变量	RD	RD	RD	RD
CFO_t	0.008** (2.04)	0.008** (2.02)	−0.021*** (−2.71)	−0.021*** (−2.67)
$SHARE_t$	0.006* (1.79)	0.006* (1.80)	0.011 (1.23)	0.011 (1.28)
$DEBT_t$	0.002 (0.69)	0.002 (0.67)	0.000 (0.05)	0.000 (0.01)
DEL_CASH_t	−0.002 (−0.71)	−0.002 (−0.72)	0.005 (0.69)	0.005 (0.64)
$SUBSIDY_t$	0.105*** (3.40)	0.107*** (3.45)	0.177*** (2.67)	0.178*** (2.67)
MP_t			−0.001 (−0.36)	−0.001 (−0.39)
$CFO_t \times MP_t$			0.037** (2.07)	0.036** (2.03)
$SHARE_t \times MP_t$			−0.014 (−0.65)	−0.015 (−0.70)
$DEBT_t \times MP_t$			0.005 (0.25)	0.006 (0.28)

续表

变量	RD	RD	RD	RD
DEL_CASH$_t$ × MP$_t$			−0.016 (−0.89)	−0.015 (−0.84)
SUBSIDY$_t$ × MP$_t$			−0.167 (−1.17)	−0.164 (−1.15)
SIZE$_{t-1}$	0.004*** (5.62)	0.004*** (5.66)	0.004*** (5.00)	0.004*** (5.04)
LEV$_{t-1}$	−0.004 (−1.42)	−0.004 (−1.42)	−0.004 (−1.22)	−0.004 (−1.22)
Q$_{t-1}$	0.000 (1.10)	0.000 (1.04)	0.000 (1.64)	0.000 (1.58)
ROA$_{t-1}$	0.002 (0.59)	0.002 (0.53)	0.002 (0.73)	0.002 (0.67)
GDP$_{t-1}$	−0.075*** (−5.34)	−0.075*** (−5.35)	−0.053*** (−2.76)	−0.053*** (−2.75)
HHI$_{t-1}$	0.001 (0.22)	0.001 (0.17)	0.001 (0.15)	0.000 (0.10)
CASH$_{t-1}$	−0.001 (−0.60)	−0.002 (−0.66)	−0.001 (−0.47)	−0.001 (−0.50)
Constant	−0.072*** (−4.53)	−0.074*** (−4.62)	−0.066*** (−4.09)	−0.067*** (−4.17)
行业效应	未控制	控制	未控制	控制
Observations	2672	2672	2672	2672
R−Squared	0.074	0.076	0.081	0.082

注：*、**、***分别表示10%、5%、1%的显著性水平。

3. 货币紧缩并未改变企业创新投资对财政补贴的依赖程度的原因

由于我国政府对资金配置的干预程度较高①，在货币紧缩时期，企业的债务融资与股权融资难度增加，本章预期在货币紧缩时期，企业创新投

---

① 企业外部资金来源主要包括债务融资与股权融资，我国政府对上述两种资金的配置均存在较高的干预行为。对债务资金来说，银行的国有股权性质以及国家政策性目标等会影响银行信贷资金的配置；而对股权资金来说，证券发行（IPO、SEO）受到证监会严格的控制，符合国家政策性目标的企业股权融资更容易获得证监会发审委的批准。

资可能更依赖政府财政补贴的支持，然而表6-4的回归结果显示，虽然财政补贴为企业创新投资提供了重要的融资支持，但在货币紧缩时期，两者之间的敏感性并未更高，并且货币紧缩并未导致企业创新投资下降。为深入说明这是否由货币紧缩的同时财政补贴下降所致，本章对此进行进一步检验。

货币政策与政府财政补贴之间关系的分析结果如表6-5所示，其中第2~3列列示了未考虑货币政策变量的回归结果，第4~5列列示了加入货币政策变量之后的分析结果。结果显示，在未加入货币政策变量的检验结果中，产权性质（STATE）系数显著大于0，这表明国有企业更易获取政府财政补贴的支持。加入货币政策变量之后，产权性质（STATE）仍显著为正，货币政策变量（MP）系数显著小于0，这表明随着货币紧缩程度的增加，企业获取的政府财政补贴下降，这说明在货币紧缩时期，企业获取的政府财政补贴下降，难以为企业创新投资提供更强的融资支持。

表 6-5　货币政策与财政补贴

变量	SUBSIDY	SUBSIDY	SUBSIDY	SUBSIDY
MP_t			−0.004*** (−4.10)	−0.004*** (−4.09)
$STATE_t$	0.003*** (3.08)	0.003*** (3.07)	0.003*** (3.07)	0.003*** (3.07)
$SIZE_{t-1}$	0.001*** (4.11)	0.001*** (4.09)	0.001*** (2.59)	0.001** (2.57)
LEV_{t-1}	−0.002 (−1.38)	−0.002 (−1.38)	−0.001 (−0.80)	−0.001 (−0.80)
Q_{t-1}	−0.000 (−0.26)	−0.000 (−0.23)	0.000 (0.55)	0.000 (0.58)
ROA_{t-1}	−0.001 (−0.90)	−0.001 (−0.87)	−0.001 (−0.52)	−0.001 (−0.48)
HHI_{t-1}	0.004** (2.20)	0.004** (2.22)	0.002 (1.27)	0.002 (1.30)
$CASH_{t-1}$	−0.001 (−0.86)	−0.001 (−0.83)	0.000 (0.32)	0.000 (0.35)

续表

变量	SUBSIDY	SUBSIDY	SUBSIDY	SUBSIDY
Constant	−0.026*** (−3.61)	−0.025*** (−3.54)	−0.015* (−1.96)	−0.015* (−1.91)
行业效应	未控制	控制	未控制	控制
Observations	2672	2672	2672	2672
R−Squared	0.021	0.021	0.029	0.029

注：*、**、*** 分别表示 10%、5%、1% 的显著性水平。

第五节 稳健性检验

前文的研究主要利用内外部资金的替代关系（Almeida & Campello，2010）验证了创新企业面临着更高程度的融资约束，那么该结论是否稳健呢？相较于非国有企业，国有企业更易获取政府的财政补贴，那么产权性质是否会影响财政补贴对创新投资的支持效应？另外，公司成长性、盈余操纵动机等因素是影响政府财政补贴配置的重要因素，其是否会对前述分析结论产生潜在干扰？本部分将针对如上问题进行分析，以提高本章研究结论的稳健性。

一、货币政策与创新企业融资约束的稳健性检验

如表 6-6 所示，第 2~3 列与第 4~5 列分别列示了基于"投资—现金流"敏感性模型和"现金—现金流"敏感性模型检验货币政策与创新企业融资约束的分析结果。结果显示，无论在"投资—现金流"还是"现金—现金流"敏感性分析中，创新企业的经营活动现金流与货币政策交乘项（CFO × MP）显著高于非创新企业（Bootstrap 结果显示均在 1% 水平显著），进一步验证了 H6-1，为前文表 6-3 的研究发现提供了进一步的稳健性经

验证据，说明货币紧缩加剧了创新企业的融资约束。

表 6–6　货币政策与创新企业融资约束的稳健性检验

变量	创新企业	非创新企业	创新企业	非创新企业
	INV	INV	DEL_CASH	DEL_CASH
CFO_t	−0.055 (−1.47)	0.023 (1.12)	0.071 (0.94)	0.331*** (9.53)
MP_t	0.005 (0.34)	0.014* (1.92)	0.060** (2.14)	0.064*** (5.33)
$CFO_t \times MP_t$	0.221*** (2.60)	0.148*** (3.19)	0.892*** (5.15)	0.019 (0.25)
$SIZE_{t-1}$	−0.019*** (−4.97)	−0.023*** (−14.42)	−0.078*** (−10.16)	−0.065*** (−24.17)
LEV_{t-1}	−0.004 (−0.28)	−0.055*** (−7.92)	0.137*** (4.21)	0.028** (2.46)
Q_{t-1}	0.000 (0.95)	0.003*** (5.28)	0.002** (2.42)	0.006*** (7.10)
ROA_{t-1}	0.054*** (3.33)	−0.002 (−0.63)	0.079** (2.39)	−0.015*** (−2.61)
GDP_{t-1}	−0.211** (−2.12)	0.019 (0.38)	−1.381*** (−6.86)	−1.083*** (−13.01)
HHI_{t-1}	0.018 (0.94)	0.008 (1.15)	0.034 (0.88)	0.017 (1.43)
$CASH_{t-1}$	0.084*** (6.80)	0.103*** (14.64)	−0.432*** (−17.24)	−0.499*** (−42.42)
Constant	0.475*** (5.77)	0.582*** (15.25)	1.824*** (10.92)	1.562*** (24.52)
行业效应	控制	控制	控制	控制
Observations	2672	11523	2672	11523
R–Squared	0.064	0.135	0.273	0.305

注：*、**、*** 分别表示 10%、5%、1% 的显著性水平。

二、股权性质的影响

与民营企业相比，国有企业承担着诸多社会目标及政治目标，政府更容易向国有企业提供更多的支持（Wu et al.，2012；唐跃军和左晶晶，2014）。因此，在获取政府财政补贴方面，国有企业具有天然优势，表6-5的结果也对此加以印证。据此，本部分对国有样本与非国有样本进行分析，相应的检验结果如表6-7所示。

表6-7　国有企业与非国有企业比较

变量	非国有 RD	国有 RD	非国有 RD	国有 RD
CFO_t	0.008* (1.82)	0.011* (1.69)	−0.023*** (2.65)	0.015 (0.79)
$SHARE_t$	0.006* (1.73)	0.009 (1.43)	0.014 (1.39)	0.010 (0.53)
$DEBT_t$	0.001 (0.20)	0.010* (1.79)	0.005 (0.47)	0.002 (0.10)
DEL_CASH_t	−0.004 (−1.10)	−0.004 (−0.71)	−0.004 (−0.47)	0.012 (0.74)
$SUBSIDY_t$	0.096** (2.42)	0.170*** (3.59)	0.193** (2.53)	0.168* (1.73)
MP_t			0.001 (0.20)	−0.009* (−1.74)
$CFO_t \times MP_t$			0.042** (2.14)	−0.006 (−0.13)
$SHARE_t \times MP_t$			−0.018 (−0.78)	−0.008 (−0.18)
$DEBT_t \times MP_t$			−0.010 (−0.42)	0.024 (0.60)
$DEL\_CASH_t \times MP_t$			0.004 (0.20)	−0.039 (−1.03)
$SUBSIDY_t \times MP_t$			−0.253 (−1.47)	0.008 (0.04)
$SIZE_{t-1}$	0.003*** (2.84)	0.007*** (5.25)	0.002** (2.36)	0.006*** (4.82)
LEV_{t-1}	−0.003 (−0.82)	−0.012** (−2.29)	−0.003 (−0.73)	−0.010* (−1.96)

续表

变量	非国有 RD	国有 RD	非国有 RD	国有 RD
Q_{t-1}	0.000 (0.34)	0.001** (2.15)	0.000 (0.74)	0.001*** (2.63)
ROA_{t-1}	0.003 (0.50)	−0.001 (−0.18)	0.003 (0.53)	−0.000 (−0.02)
GDP_{t-1}	−0.059*** (−3.21)	−0.095*** (−4.37)	−0.039 (−1.55)	−0.051* (−1.74)
HHI_{t-1}	−0.007 (−1.25)	0.000 (0.02)	−0.007 (−1.24)	−0.001 (−0.12)
$CASH_{t-1}$	−0.002 (−0.77)	−0.014*** (−2.67)	−0.001 (−0.42)	−0.013** (−2.45)
Constant	−0.041** (−2.11)	−0.123*** (−4.46)	−0.035* (−1.79)	−0.115*** (−4.14)
行业效应	控制	控制	控制	控制
Observations	1780	892	1780	892
R−Squared	0.037	0.177	0.044	0.185

注：*、**、***分别表示 10%、5%、1%的显著性水平。

表 6-7 第 2~3 列结果显示，在未考虑货币政策影响的情形下，无论是在国有样本还是非国有样本中，经营活动现金流（CFO）与财政补贴（SUBSIDY）系数显著大于 0，这表明无论是在国有企业还是在非国有企业，内部资金与财政补贴均为企业创新投资提供了重要的资金支持。另外，对于非国有样本，股权融资（SHARE）系数显著大于 0，而对于国有样本，债务融资（DEBT）系数显著大于 0，这在一定程度上表明股权资金对非国有企业创新投资更为重要，而债务资金对国有企业创新投资发挥着更为积极的作用。表 6-7 第 4~5 列结果显示，考虑到货币政策的影响，无论是在国有样本还是在非国有样本中，财政补贴（SUBSIDY）仍然显著大于 0，且系数几乎均高于 0.10，这表明财政补贴每提高 1 个单位，企业创新投资提高 10%以上，进一步说明了政府财政补贴是企业创新投资的重要融资来源。采用分样本的 Bootstrap 检验显示财政补贴（SUBSIDY）在国有

样本与非国有样本之间并未存在显著差异（第2~3列、第4~5列系数差异检验的P-value分别为0.145和0.185），这表明财政补贴对国有企业或非国有企业创新投资均具有明显的支持作用。另外，在非国有样本中，经营活动现金流与货币政策交乘项（CFO×MP）显著大于0，在一定程度上表明紧缩货币加剧了非国有企业创新投资的融资约束。综上可见，无论国有企业还是非国有企业，政府财政补贴均为企业创新投资提供了重要的融资支持，而且对于非国有企业而言，货币紧缩加剧了企业创新投资的融资约束。

三、投资需求的影响

投资需求是决定企业投资水平的重要因素（Modigliani & Miller，1958），为控制投资需求的内生性影响，本章将Tobin's Q高于1的企业定义为高成长性企业，反之为低成长性企业，进行分样本检验后，相关的检验结果如表6-8所示，其中第2~3列、第4~5列分别为未考虑货币政策与考虑货币政策的回归分析结果。结果显示：无论是否考虑货币政策的影响，在高成长性样本中（$Q_{t-1}>1$），财政补贴（SUBSIDY）系数显著大于0，且至少在5%水平以上显著，而在低成长性样本中（$Q_{t-1}\leqslant1$），财政补贴（SUBSIDY）系数大于0，但不显著。表6-8结果表明财政补贴对企业创新投资的支持作用对高成长性企业而言更为明显。

表6-8 企业成长性的差异

变量	$Q_{t-1}>1$	$Q_{t-1}\leqslant1$	$Q_{t-1}>1$	$Q_{t-1}\leqslant1$
	RD	RD	RD	RD
CFO_t	0.008* (1.94)	0.008 (0.89)	0.024*** (2.86)	−0.016 (−0.41)
$SHARE_t$	0.005 (1.42)	0.018 (1.47)	0.011 (1.12)	0.040 (0.97)
$DEBT_t$	0.002 (0.64)	−0.011 (−0.82)	−0.002 (−0.24)	−0.001 (−0.03)

变量	$Q_{t-1}>1$	$Q_{t-1}\leqslant1$	$Q_{t-1}>1$	$Q_{t-1}\leqslant1$
	RD	RD	RD	RD
DEL_CASH_t	−0.001 (−0.40)	−0.003 (−0.33)	0.003 (0.36)	0.036 (0.99)
$SUBSIDY_t$	0.092*** (2.63)	0.160 (1.34)	0.146** (1.97)	0.254 (1.12)
MP_t			−0.001 (−0.22)	−0.005 (−0.40)
$CFO_t \times MP_t$			−0.044** (−2.30)	0.053 (0.57)
$SHARE_t \times MP_t$			−0.015 (−0.65)	−0.071 (−0.65)
$DEBT_t \times MP_t$			0.012 (0.56)	−0.022 (−0.28)
$DEL\_CASH_t \times MP_t$			−0.008 (−0.43)	−0.092 (−1.09)
$SUBSIDY_t \times MP_t$			−0.118 (−0.75)	−0.158 (−0.30)
$SIZE_{t-1}$	0.004*** (4.92)	0.005* (1.95)	0.004*** (4.39)	0.004* (1.68)
LEV_{t-1}	−0.003 (−0.73)	−0.026** (−2.30)	−0.002 (−0.45)	−0.026*** (−2.93)
Q_{t-1}	0.000 (0.95)	0.001 (0.21)	0.000 (1.39)	0.002 (0.41)
ROA_{t-1}	0.002 (0.64)	0.007 (0.53)	0.003 (0.76)	0.007 (0.47)
GDP_{t-1}	−0.080*** (−4.86)	−0.021 (−0.66)	−0.059*** (−2.67)	0.001 (0.01)
HHI_{t-1}	−0.003 (−0.66)	0.028** (2.03)	−0.003 (−0.69)	0.027*** (2.97)
$CASH_{t-1}$	−0.001 (−0.46)	−0.005 (−0.33)	−0.001 (−0.30)	−0.003 (−0.31)
Constant	−0.076*** (−4.03)	−0.087 (−1.65)	−0.069*** (−3.66)	−0.071 (−1.29)
行业效应	控制	控制	控制	控制

续表

变量	$Q_{t-1}>1$	$Q_{t-1}\leqslant 1$	$Q_{t-1}>1$	$Q_{t-1}\leqslant 1$
	RD	RD	RD	RD
Observations	2307	365	2307	365
R-squared	0.070	0.218	0.077	0.237

注：*、**、*** 分别表示 10%、5%、1% 的显著性水平。

四、亏损或盈余管理的影响

前文的分析更多关注于财政补贴对企业创新投资的支持作用，却未进一步考虑公司业绩在影响财政补贴资源配置中的作用，从而使前文的发现可能存在一定内生性问题。为考虑政府财政补贴对业绩较差公司的扶持动机，我们区分盈利与亏损样本进行分样本检验。如若财政补贴体现为扶持动机，而非针对企业创新投资提供支持，则在盈利能力较强的样本中，财政补贴对企业创新投资不存在明显的支持效应，相应的检验结果[①] 如表6-9 所示。结果显示，在企业盈利能力较高的组中，财政补贴（SUBSIDY）系数显著大于 0，且至少在 10% 水平以上显著，而在盈利能力较差的组中并不显著，这表明财政补贴存在一定的扶持动机，其对促进企业创新投资发挥着重要的支持作用。

表 6-9 亏损或盈余管理的影响

变量	ROA>0	ROA≤0	ROA>0	ROA≤0
	RD	RD	RD	RD
CFO_t	0.009***	−0.001	0.023***	−0.001
	(2.14)	(−0.21)	(2.65)	(−0.07)

---

① 为进一步考虑企业负向盈余管理行为以及政府财政补贴的扶持动机，提高研究的稳健性，我们利用 ROA 是否高于 1% 重新进行分样本检验，结果显示仅在 ROA 高于 1% 的样本中，财政补贴对企业创新投资具有显著的支持作用。

变量	ROA>0	ROA≤0	ROA>0	ROA≤0
	RD	RD	RD	RD
$SHARE_t$	0.006* (1.75)	−0.009 (−0.96)	0.015 (1.63)	−0.015 (−0.62)
$DEBT_t$	0.002 (0.64)	−0.001 (−0.19)	−0.001 (−0.13)	0.014 (0.88)
DEL_CASH_t	−0.002 (−0.54)	0.010 (0.95)	0.005 (0.69)	0.080** (2.21)
$SUBSIDY_t$	0.094*** (2.70)	0.154 (0.97)	0.133* (1.86)	0.287 (0.67)
MP_t			−0.003 (−0.84)	0.012 (1.64)
$CFO_t \times MP_t$			−0.038* (−1.94)	0.002 (0.06)
$SHARE_t \times MP_t$			−0.024 (−1.08)	0.023 (0.40)
$DEBT_t \times MP_t$			0.009 (0.43)	−0.021 (−0.61)
$DEL\_CASH_t \times MP_t$			−0.016 (−0.82)	−0.179** (−2.23)
$SUBSIDY_t \times MP_t$			−0.092 (−0.61)	−0.126 (−0.16)
$SIZE_{t-1}$	0.004*** (5.26)	0.001 (0.68)	0.004*** (4.67)	0.001 (1.03)
LEV_{t-1}	−0.003 (−0.89)	−0.006* (−1.76)	−0.002 (−0.62)	−0.009*** (−3.18)
Q_{t-1}	0.000 (0.89)	−0.000 (−1.09)	0.000* (1.69)	−0.000* (−1.76)
ROA_{t-1}	0.008 (0.94)	−0.001 (−1.40)	0.007 (0.89)	−0.002* (−1.96)
GDP_{t-1}	−0.082*** (−5.00)	0.022 (0.44)	−0.054** (−2.53)	−0.027 (−0.94)
HHI_{t-1}	−0.000 (−0.05)	0.019 (1.51)	−0.001 (−0.16)	0.012* (1.72)

续表

变量	ROA>0	ROA≤0	ROA>0	ROA≤0
	RD	RD	RD	RD
CASH$_{t-1}$	−0.001 (−0.54)	−0.000 (−0.05)	−0.001 (−0.35)	−0.015*** (−2.68)
Constant	−0.077*** (−4.31)	−0.009 (−0.54)	−0.070*** (−3.88)	−0.013 (−0.67)
行业效应	控制	控制	控制	控制
Observations	2472	200	2472	200
R-squared	0.079	0.186	0.087	0.547

注：*、**、*** 分别表示 10%、5%、1%的显著性水平。

第六节 本章小结

本章基于我国上市公司样本，主要探讨了货币政策与财政政策对企业创新投资的影响。研究发现，紧缩货币政策加剧了创新企业与创新投资的融资约束，并且财政补贴为企业创新投资提供了重要的融资支持，但未发现证据支持在货币紧缩时期，企业创新投资更加依赖财政补贴，这主要是由货币紧缩的同时企业获得的财政补贴下降所致。进一步研究我们排除了产权性质、投资需求以及公司业绩等因素可能对本章研究结论产生的潜在干扰。

本章研究结论对于我国宏观经济政策如何促进企业创新投资具有重要的指导意义。首先，对企业创新投资而言，需更加重视财政政策的支持效应，提高财政资金配置效率，有效利用财政补贴支持企业创新投资，促进经济可持续发展；其次，关注货币政策调整可能对创新企业与创新投资产生的负面效应，避免货币政策调整对经济结构调整可能产生的不利影响；最后，注重货币政策与财政政策两者之间的互动效应，结合财政政策的针对性特征，降低货币政策调整可能引发的结构性错配问题。

此外，本章采用了 2007 年之后的年份作为研究样本，使得研究样本的时间年度相对较短，可能会对本章研究结论的普适性产生一定影响。另外，在研究过程中未对可能还存在的其他影响企业创新投资的因素加以考虑，这导致本章研究仍可能存在一定内生性问题。

第七章 结 论

本书主要分析了货币政策对企业债务期限结构、流动性管理、投融资期限结构错配，以及企业创新投资的影响，并分别结合信息透明度、公司业绩、财政补贴等不同视角进行深入探讨。本书的主要发现有如下四点：

（1）货币政策越紧缩，企业信贷期限结构越短，而信息透明度能够在一定程度上缓解银根紧缩的冲击，这表明货币政策对企业信贷融资的影响主要由供给主导，而非需求方的主动选择。同时阐明了信息透明度在信贷资源配置中发挥的重要作用，这对深化我国银行业市场化改革具有重要的借鉴意义。

（2）货币政策对流动性水平与企业价值创造之间的关系存在条件效应。随着货币政策紧缩程度的增加，保持较高流动性水平有助于降低股东与债权人之间的代理冲突，缓解融资约束，对企业价值创造具有积极效用。而随着货币政策的宽松，高流动性水平由于占用较多长期资金，增加了资金占用成本，损害了企业价值创造。结合融资约束、投资不足以及债务融资成本的分析，我们进一步验证了在不同货币政策时期，流动性水平对企业价值创造具有"双刃剑"效应。

（3）"短贷长投"这种激进型投融资策略在我国企业经营实践中是客观存在的，且"短贷长投"对公司业绩具有严重的负面效应；"短贷长投"可能通过加剧经营风险、引发非效率投资、提高财务困境成本等途径对公司业绩产生负面效应；货币政策适度水平的提高不仅能直接对"短贷长投"产生抑制效应，而且可以通过降低"短贷长投"对公司业绩的不利影响发挥间接作用。

（4）货币紧缩加剧了创新企业的融资约束，并使创新投资更为依赖内部资金；财政补贴作为财政政策的重要组成部分，为企业创新投资提供了重要融资支持，然而在货币紧缩时期这一效应并未加强，主要是由货币紧缩而导致财政补贴下降。

本书对于理解货币政策如何影响我国企业投融资结构安排，以及创新投资决策具有重要参考价值，对于我国未来货币政策调整，强化企业针对货币政策的预期管理具有一定借鉴意义。同时，对企业而言，需有效结合外部宏观货币环境，加强风险管理，避免货币政策调整可能引发的流动性冲击。

参考文献

白俊红、李婧:《政府 R&D 资助与企业技术创新——基于效率视角的实证分析》,《金融研究》2011 年第 6 期。

白俊红:《中国的政府 R&D 资助有效吗?来自大中型工业企业的经验证据》,《经济学(季刊)》2011 年第 4 期。

白云霞、邱穆青、李伟:《投融资期限错配及其制度解释——来自中美两国金融市场的比较》,《中国工业经济》2016 年第 7 期。

曹胜:《国内分析师预测能否反映市场预期?——基于 MBE 的市场反应分析》,《中国会计与财务研究》2010 年第 2 期。

曾爱民、张纯、魏志华:《金融危机冲击、财务柔性储备与企业投资行为——来自中国上市公司的经验证据》,《管理世界》2013 年第 4 期。

陈德球、陈运森、董志勇:《政策不确定性、税收征管强度与企业税收规避》,《管理世界》2016 年第 5 期。

陈栋、陈运森:《银行股权关联、货币政策变更与上市公司现金管理》,《金融研究》2012 年第 12 期。

陈建勇、王东静、张景青:《公司债务期限结构与投资效率》,《数量经济技术经济研究》2009 年第 4 期。

陈武朝:《经济周期、行业周期性与盈余管理程度——来自中国上市公司的经验证据》,《南开管理评论》2013 年第 3 期。

陈艳艳、罗党论:《地方官员更替与企业投资》,《经济研究》2012 年第 2 期。

陈钊、王旸:《"营改增"是否促进了分工:来自中国上市公司的证据》,《管理世界》2016 年第 3 期。

代冰彬、岳衡：《货币政策、流动性不足与个股暴跌风险》，《金融研究》
　　2015 年第 7 期。

段云、国瑶：《政治关系、货币政策与债务结构研究》，《南开管理评论》2012
　　年第 5 期。

方军雄、周大伟、罗宏、曾永良：《会计信息与宏观分析师经济预测》，
　　《中国会计评论》2015 年第 4 期。

方军雄：《民营上市公司真的面临银行贷款歧视吗?》，《管理世界》2010 年
　　第 11 期。

方军雄：《所有制、制度环境与信贷资金配置》，《经济研究》2007 年第 12 期。

冯宗宪、王青、侯晓辉：《政府投入、市场化程度与中国工业企业的技术
　　创新效率》，《数量经济技术经济研究》2011 年第 4 期。

韩立岩、刘博研：《公司治理、不确定性与现金价值》，《经济学（季刊）》
　　2011 年第 2 期。

郝颖、辛清泉、刘星：《地区差异、企业投资与经济增长质量》，《经济研
　　究》2014 年第 3 期。

何熙琼、尹长萍、毛洪涛：《产业政策对企业投资效率的影响及其作用机
　　制研究——基于银行信贷的中介作用与市场竞争的调节作用》，《南开
　　管理评论》2016 年第 5 期。

胡奕明、谢诗蕾：《银行监督效应与贷款定价——来自上市公司的一项经
　　验研究》，《管理世界》2005 年第 5 期。

黄俊、陈信元：《集团化经营与企业研发投资——基于知识溢出与内部资
　　本市场视角的分析》，《经济研究》2011 年第 6 期。

黄志忠、谢军：《宏观货币政策、区域金融发展和企业融资约束——货币
　　政策传导机制的微观证据》，《会计研究》2013 年第 1 期。

姜国华、饶品贵：《宏观经济政策与微观企业行为——拓展会计与财务研
　　究新领域》，《会计研究》2011 年第 3 期。

解维敏、方红星：《金融发展、融资约束与企业研发投入》，《金融研究》
　　2011 年第 5 期。

解维敏、唐清泉、陆珊珊：《政府 R&D 资助、企业 R&D 支出与自主创新——来自中国上市公司的经验证据》，《金融研究》2009 年第 6 期。

靳庆鲁、孔祥、侯青川：《货币政策、民营企业投资效率与公司期权价值》，《经济研究》2012 年第 5 期。

靳庆鲁、李荣林、万华林：《经济增长、经济政策与公司业绩关系的实证研究》，《经济研究》2008 年第 8 期。

鞠晓生、卢荻、虞义华：《融资约束、营运资本管理与企业创新可持续性》，《经济研究》2013 年第 1 期。

康志勇：《融资约束、政府支持与中国本土企业研发投入》，《南开管理评论》2013 年第 5 期。

孔东民、刘莎莎、王亚男：《市场竞争、产权与政府补贴》，《经济研究》2013 年第 2 期。

黎文靖、李耀淘：《产业政策激励了公司投资吗?》，《中国工业经济》2014 年第 5 期。

黎文靖、郑曼妮：《实质性创新还是策略性创新？——宏观产业政策对微观企业创新的影响》，《经济研究》2016 年第 4 期。

李凤羽、杨墨竹：《经济政策不确定性会抑制企业投资吗？——基于中国经济政策不确定性指数的实证研究》，《金融研究》2015 年第 4 期。

李汇东、唐跃军、左晶晶：《用自己的钱还是别人的钱创新？——基于中国上市公司融资结构与公司创新的研究》，《金融研究》2013 年第 2 期。

李健、陈传明：《企业家政治关联、所有制与企业债务期限结构——基于转型经济制度背景的实证研究》，《金融研究》2013 年第 3 期。

李青原、王红建：《货币政策、资产可抵押性、现金流与公司投资》，《金融研究》2013 年第 6 期。

李心丹、俞红海、陆蓉、徐龙炳：《中国股票市场"高送转"现象研究》，《管理世界》2014 年第 11 期。

李增福、董志强、连玉君：《应计项目盈余管理还是真实活动盈余管理？——基于我国 2007 年所得税改革的研究》，《管理世界》2011 年第 1 期。

李志军、王善平：《货币政策、信息披露质量与公司债务融资》，《会计研究》2011 年第 10 期。

连立帅、陈超、白俊：《产业政策与信贷资源配置》，《经济管理》2015 年第 12 期。

连玉君、彭方平、苏治：《融资约束与流动性管理行为》，《金融研究》2010 年第 10 期。

梁琪、余峰燕：《金融危机、国有股权与资本投资》，《经济研究》2014 年第 4 期。

廖冠民、唐弋宇、吴溪：《经营风险、产权性质、银行竞争与企业债务期限结构：基于流动性风险理论的实证检验》，《中国会计与财务研究》2010 年第 4 期。

廖明情：《分析师收入预测报告的动机和后果——基于信号理论和声誉理论的分析》，《中国会计评论》2012 年第 2 期。

廖信林、顾炜宇、王立勇：《政府 R&D 资助效果、影响因素与资助对象选择——基于促进企业 R&D 投入的视角》，《中国工业经济》2013 年第 11 期。

林洲钰、林汉川、邓兴华：《所得税改革与中国企业技术创新》，《中国工业经济》2013 年第 3 期。

刘行、赵健宇、叶康涛：《企业避税、债务融资与债务融资来源——基于所得税征管体制改革的断点回归分析》，《管理世界》2017 年第 10 期。

卢馨、郑阳飞、李建明：《融资约束对企业 R&D 投资的影响研究——来自中国高新技术上市公司的经验证据》，《会计研究》2013 年第 5 期。

鲁桐、党印：《公司治理与技术创新：分行业比较》，《经济研究》2014 年第 6 期。

陆正飞、韩非池：《宏观经济政策如何影响公司现金持有的经济效应？——基于产品市场和资本市场两重角度的研究》，《管理世界》2013 年第 6 期。

陆正飞、韩霞、常琦：《公司长期负债与投资行为关系研究——基于中国上市公司的实证分析》，《管理世界》2006 年第 1 期。

陆正飞、杨德明：《商业信用：替代性融资，还是买方市场？》，《管理世界》2011 年第 4 期。

陆正飞、祝继高、樊铮：《银根紧缩、信贷歧视与民营上市公司投资者利益损失》，《金融研究》2009 年第 8 期。

逯东、孟子平、杨丹：《政府补贴、成长性和亏损公司定价》，《南开管理评论》2010 年第 2 期。

罗党论、廖俊平、王珏：《地方官员变更与企业风险——基于中国上市公司的经验证据》，《经济研究》2016 年第 5 期。

罗党论、佘国满：《地方官员变更与地方债发行》，《经济研究》2015 年第 6 期。

罗宏、曾永良、方军雄、周大伟：《会计信息的宏观预测价值：基于中国制度环境的研究》，《会计研究》2016 年第 4 期。

罗宏、陈丽霖：《增值税转型对企业融资约束的影响研究》，《会计研究》2012 年第 12 期。

马草原、李成：《国有经济效率、增长目标硬约束与货币政策超调》，《经济研究》2013 年第 7 期。

潘越、戴亦一、林超群：《信息不透明、分析师关注与个股暴跌风险》，《金融研究》2011 年第 9 期。

潘越、潘健平、戴亦一：《公司诉讼风险、司法地方保护主义与企业创新》，《经济研究》2015 年第 3 期。

钱雪松、杜立、马文涛：《中国货币政策利率传导有效性研究：中介效应和体制内外差异》，《管理世界》2015 年第 11 期。

饶品贵、姜国华：《货币政策、信贷资源配置与企业业绩》，《管理世界》2013（b）年第 3 期。

饶品贵、姜国华：《货币政策波动、银行信贷与会计稳健性》，《金融研究》2011 年第 3 期。

饶品贵、姜国华：《货币政策对银行信贷与商业信用互动关系影响研究》，《经济研究》2013（a）年第 1 期。

饶品贵、岳衡、姜国华:《经济政策不确定性与企业投资行为研究》,《世界经济》2017 年第 2 期。

盛朝晖:《中国货币政策传导渠道效应分析:1994~2004》,《金融研究》2006年第 7 期。

苏冬蔚、曾海舰:《宏观经济因素、企业家信心与公司融资选择》,《金融研究》2011 年第 4 期。

孙铮、刘凤委、李增泉:《市场化程度、政府干预与企业债务期限结构——来自我国上市公司的经验证据》,《经济研究》2005 年第 5 期。

谭劲松、陈艳艳、谭燕:《地方上市公司数量、经济影响力与企业长期借款——来自我国 A 股上市公司的经验证据》,《中国会计评论》2010 年第 1 期。

唐清泉、徐欣:《企业 R&D 投资与内部资金——来自中国上市公司的研究》,《中国会计评论》2010 年第 3 期。

唐跃军、左晶晶:《所有权性质、大股东治理与公司创新》,《金融研究》2014 年第 6 期。

万华林、朱凯、陈信元:《税制改革与公司投资价值相关性》,《经济研究》2012 年第 3 期。

王红建、李青原、邢斐:《金融危机、政府补贴与盈余操纵——来自中国上市公司的经验证据》,《管理世界》2014 年第 7 期。

王红建、李青原、邢斐:《经济政策不确定性、现金持有水平及其市场价值》,《金融研究》2014 年第 9 期。

王化成、陆凌、张昕、张伟华:《加强会计指数研究,全面提升会计在经济社会发展中的影响力》,《会计研究》2012 年第 11 期。

王化成:《中国会计指数研究报告》,中国人民大学出版社 2017 年版。

王亮亮:《税制改革与利润跨期转移——基于"账税差异"的检验》,《管理世界》2014 年第 11 期。

王雄元、张春强、何捷:《宏观经济波动性与短期融资券风险溢价》,《金融研究》2015 年第 1 期。

王彦超：《金融抑制与商业信用二次配置功能》，《经济研究》2014 年第 6 期。

王义中、陈丽芳、宋敏：《中国信贷供给周期的实际效果：基于公司层面的经验证据》，《经济研究》2015 年第 1 期。

王义中、宋敏：《宏观经济不确定性、资金需求与公司投资》，《经济研究》2014 年第 2 期。

王跃堂、王亮亮、贡彩萍：《所得税改革、盈余管理及其经济后果》，《经济研究》2009 年第 3 期。

王跃堂、王亮亮、彭洋：《产权性质、债务税盾与资本结构》，《经济研究》2010 年第 9 期。

温军、冯根福：《异质机构、企业性质与自主创新》，《经济研究》2012 年第 3 期。

肖作平、廖理：《公司治理影响债务期限水平吗？——来自中国上市公司的经验证据》，《管理世界》2008 年第 11 期。

肖作平：《终极控制股东对债务期限结构选择的影响：来自中国上市公司的经验证据》，《南开管理评论》2011 年第 6 期。

许伟、陈斌开：《税收激励和企业投资——基于 2004~2009 年增值税转型的自然实验》，《管理世界》2016 年第 5 期。

杨海生、陈少凌、罗党论、佘国满：《政策不稳定性与经济增长——来自中国地方官员变更的经验证据》，《管理世界》2014 年第 9 期。

杨洋、魏江、罗来军：《谁在利用政府补贴进行创新？——所有制和要素市场扭曲的联合调节效应》，《管理世界》2015 年第 1 期。

杨子晖：《财政政策与货币政策对私人投资的影响研究——基于有向无环图的应用分析》，《经济研究》2008 年第 5 期。

叶康涛、祝继高：《银根紧缩与信贷资源配置》，《管理世界》2009 年第 1 期。

于蔚、汪淼军、金祥荣：《政治关联和融资约束：信息效应与资源效应》，《经济研究》2012 年第 9 期。

于泽、陆怡舟、王闻达：《货币政策执行模式、金融错配与我国企业投资约束》，《管理世界》2015 年第 9 期。

余明桂、范蕊、钟慧洁：《中国产业政策与企业技术创新》，《中国工业经济》2016 年第 12 期。

余明桂、回雅甫、潘红波：《政治联系、寻租与地方政府财政补贴有效性》，《经济研究》2010 年第 3 期。

喻坤、李治国、张晓蓉、徐剑刚：《企业投资效率之谜：融资约束假说与货币政策冲击》，《经济研究》2014 年第 5 期。

张军、金煜：《中国的金融深化和生产率关系的再检测：1987~2001》，《经济研究》2005 年第 11 期。

张然、王会娟、张路：《本地优势、信息披露质量和分析师预测准确性》，《中国会计评论》2012 年第 2 期。

张新民、张婷婷、陈德球：《产业政策、融资约束与企业投资效率》，《会计研究》2017 年第 4 期。

张志栋、靳玉英：《我国财政政策和货币政策相互作用的实证研究——基于政策在价格决定中的作用》，《金融研究》2011 年第 6 期。

中国企业家调查系统：《企业经营者对宏观形势与企业经营状况的判断、问题和建议——2014 中国企业经营者问卷跟踪调查报告》，《管理世界》2014 年第 12 期。

钟凯、程小可、张伟华：《货币政策、信息透明度与企业信贷期限结构》，《财贸经济》2016（a）年第 3 期。

钟凯、程小可、张伟华：《货币政策适度水平与企业"短贷长投"之谜》，《管理世界》2016（b）年第 3 期。

周黎安：《中国地方官员的晋升锦标赛模式研究》，《经济研究》2007 年第 5 期。

周业安：《产品市场与金融市场的战略互动与经济增长》，《中国工业经济》2005 年第 2 期。

周英章、蒋振声：《货币渠道、信用渠道与货币政策有效性》，《金融研究》2002 年第 9 期。

祝继高、韩非池、陆正飞：《产业政策、银行关联与企业债务融资——基于

A 股上市公司的实证研究》，《金融研究》2015（a）年第 3 期。

祝继高、陆峣、岳衡：《银行关联董事能有效发挥监督职能吗？——基于产业政策的分析视角》，《管理世界》2015（b）年第 7 期。

祝继高、陆正飞：《货币政策、企业成长与现金持有水平变化》，《管理世界》2009 年第 3 期。

庄芳、庄佳强、朱迎：《我国财政政策和货币政策协调配合的定量效应——基于协整向量自回归的分析》，《金融研究》2014 年第 12 期。

Acharya, V., and H. Naqvi, "The Seeds of a Crisis: A Theory of Bank Liquidity and Risk Taking Over the Business Cycle", *Journal of Financial Economics*, Vol.106, No.2, 2012, pp: 349–366.

Acharya, V. V., D. Gale, and T. Yorulmazer, "Rollover Risk and Market Freezes", *The Journal of Finance*, Vol.66, No.4, 2011, pp: 1177–1209.

Allen, F., J. Qian, and M. Qian, "Law, Finance, and Economic Growth in China", *Journal of Financial Economics*, Vol.77, No.1, 2005, pp: 57–116.

Almeida, H., and M. Campello, "Financing Frictions and the Substitution between Internal and External Funds", *Journal of Financial and Quantitative Analysis*, Vol.45, No.3, 2010, pp: 589–622.

Almeida, H., M. Campello, and M. Weisbach, "The Cash Flow Sensitivity of Cash", *The Journal of Finance*, Vol. 59, No.4, 2004, pp: 1777–1804.

An, H., Y. Chen, D. Luo, and T. Zhang, "Political Uncertainty and Corporate Investment: Evidence from China", *Journal of Corporate Finance*, Vol. 36, 2016, pp: 174–189.

Anilowski, C., M. Feng, and D. J. Skinner, "Does Earnings Guidance Affect Market Returns? The Nature and Information Content of Aggregate Earnings Guidance", *Journal of Accounting and Economics*, Vol.44, No.1, 2007, pp: 36–63.

Armstorng, C. S., W. R. Guay, and J. P. Weber, "The Role of Information and Financial Reporting in Cororate Governance and Debt Contracting", *Journal of Accounting and Economics*, Vol.50, No.1, 2010, pp: 179–234.

Ayyagari, M., A. Demirgüç-Kunt, and V. Maksimovic, "Formal versus Informal Finance: Evidence from China", *The Review of Financial Studies*, Vol.23, No.8, 2010, pp: 3048–3097.

Ayyagari, M., A., Demirgüç-Kunt, and V., Maksimovic, "Firm Innovation in Emerging Markets: The Role of Finance, Governance, and Competition", *Journal of Financial and Quantitative Analysis*, Vol.46, No.6, 2011, pp: 1545–1580.

Baker, S. R., N. Bloom, and S. J. Davis, "Measuring Economic Policy Uncertainty," *Working Paper*, *Stanford University*, 2013.

Balakrishnan, K., J. E. Core, and R. S. Verdi, "The Relation between Reporting Quality and Financing and Investment: Evidence from Changes in Financing Capacity", *Journal of Accounting Research*, Vol.52, No.1, 2014, pp: 1–36.

Ball, R., and P. Brown, "An Empirical Evaluation of Accounting Income Numbers", *Journal of Accounting Research*, Vol.6, No.2, 1968, pp: 159–178.

Ball, R., G. Sadka, and R. Sadka, "Aggregate Earnings and Asset Prices", *Journal of Accounting Research*, Vol.47, No.5, 2009, pp: 1097–1133.

Basu, S., S. Markov, and L. Shivakumar, "Inflation, Earnings Forecasts, and Post-earnings Announcement Drift", *Review of Accounting Studies*, Vol.15, No.2, 2010, pp: 403–440.

Berger, A. N., and C. H. S. Bouwman, "How Does Capital Affect Bank Performance during Financial Crisis?", *Journal of Financial Economics*, Vol. 109, No.1, 2013, pp: 146–176.

Bernanke, B. S., and A. S. Blinder, "The Federal Funds Rate and the Channels of Monetary Transmission", *The American Economic Review*, Vol. 82, No.4, 1992, pp: 901-921.

Bernanke, B. S., and M. Gertler, "Inside the Black Box: The Credit Channel of Monetary Policy Transmission", *Journal of Economics Perspectives*, Vol. 9, No.4, 1995, pp: 27-48.

Bharath, S. T., J. Sunder, and S. V. Sunder, "Accounting Quality and Debt Contracting", *The Accounting Review*, Vol.83, No.1, 2008, pp: 1-28.

Biddle, G. C., G. Hilary, and R. S. Verdi, "How Does Financial Reporting Quality Relate to Investment Efficiency?", *Journal of Accounting and Economics*, Vol.48, No.2-3, 2009, pp: 112-131.

Bliss, B. A., Y. Cheng, and D. J. Denis, "Corporate Payout, Cash Retention, and the Supply of Credit: Evidence from the 2008-2009 Credit Crisis", *Journal of Financial Economics*, Vol.115, No.3, 2015, pp: 521-540.

Bonsall, S. B. IV, Z. Bazanic, and P. E. Fischer, "What do Management Earnings Forecasts Convey about the Macroeconomy?", *Journal of Accounting Research*, Vol.51, No.2, 2013, pp: 225-266.

Branstetter, L. G., and M. Sakakibara, "When do Research Consortia Work Well and Why? Evidence from Japanese Panel Data", *American Economic Review*, Vol.92, No.1, 2002, pp: 143-159.

Brochman, P., X., Martin, and E., Unlu, "Executive Compensation and the Maturity Structure of Corporate Debt", *The Journal of Finance*, Vol.65, No.1, 2010, pp: 1123-1161.

Brogaard, J., and A. Detzel, "The Asset-pricing Implications of Government Economic Policy Uncertainty", *Management Science*, Vol.61, No.1, 2015, pp: 3-18.

Brown, J. R., S. M., Fazzari, and B. C., Petersen, "Financing Innovation and Growth: Cash Flow, External Equity, and the 1990s R&D Boom", *The Journal of Finance*, Vol.64, No.1, 2009, pp: 151-185.

Brown, J. R., G., Martinsson, and B. C., Petersen, "Law, Stock Markets, and Innovation", *The Journal of Finance*, Vol.68, No.4, 2013, pp: 1517-1548.

Brown, J. R., and B. C., Petersen, "Which Investments Do Firms Protect? Liquidity Management and Real Adjustments When Access to Finance Falls Sharply", Iowa State University, Washington University in St. Louis, Working Paper, 2014.

Brown, J. R., and B. C., Peterson, "Cash Holdings and R&D Smoothing", *Journal of Corporate Finance*, Vol.17, No.3, 2011, pp: 694-709.

Campello, M., and E. Giambona, "Real Assets and Capital Structure", *Journal of Financial and Quantitative Analysis*, Vol.48, No.5, 2013, pp: 1333-1370.

Campello, M., E. Giambona, J. R. Graham, and C. R. Harvey, "Liquidity Manangement and Corporate Investment during a Financial Crisis", *The Review of Financial Studies*, Vol.24, No.6, 2011, pp: 1944-1979.

Campello, M., J. R., Graham, and C. R., Harvey, "The Real Effects of Financial Constraints: Evidence from a Financial Crisis", *Journal of Financial Economics*, Vol.97, No.3, 2010, pp: 470-487.

Chaney, P. K., M., Faccio, and D., Parsley, "The Quality of Accounting Information in Politically Connected Firms", *Journal of Accounting and Economics*, Vol.51, No.1, 2011, pp: 58-76.

Chaney, T., D. Sraer, and D. Thesmar, "The Collateral Channel: How Real Estate Shocks Affect Corporate Investment", *American Economic Review*, Vol.102, No.6, 2012, pp: 2381-2409.

Chen, D., O.Z. Li, and F. Xin, "Five-year Plans, China Finance and Their Consequences", *China Journal of Accounting Research*, Vol.10, No.3,

2017, pp: 189-230.

Chen, H., J. Z., Chen, G. J., Lobo, and Y., Wang, "Association between Borrower and Lender State Ownership and Accounting Conservatism", *Journal of Accounting Research*, Vol.48, No.1, 2010, pp: 973-1014.

Chen, J. Z., G. J. Lobo, Y. Wang, and L. Yu, "Loan Collateral and Financial Reporting Conservatism: Chinese Evidence", *Journal of Banking and Finance*, Vol. 37, 2013, pp: 4989-5006.

Chen, K. W., and H., Yuan, "Earnings Management and Capital Resource Allocation: Evidence from China's Accounting-based Regulation of Rights Issues", *The Accounting Review*, Vol. 79, No.3, 2004, pp: 645-665.

Cleassens, S., E., Feijen, and L., Laeven, "Political Connections and Preferential Access to Finance: The Role of Campaign Contributions", *Journal of Financial Economics*, Vol.88, No.1, 2008, pp: 554-580.

Cohen, D. A., and P. Zarowin, "Earnings Management over the Business Cycle", *Working Paper*, *New York University Stern School of Business*, 2007.

Cornett, M. M., J. J. McNutt, P. E. Strahan, and H. Tehranian, "Liquidity Risk Management and Credit Supply in the Financial Crisis", *Journal of Financial Economics*, Vol.101, No.2, 2011, pp: 297-312.

Cready, W. M., and U. G. Gurun, "Aggregate Market Reaction to Earnings Announcement", *Journal of Accounting Research*, Vol.48, No.2, 2010, pp: 289-334.

Custodio, C., M. A., Ferreira, and L., Laureano, "Why are US Firms Using More Short-term Debt?", *Journal of Financial Economics*, Vol. 108, No.1, 2013, pp: 182-212.

Cvijanovic, D., "Real Estate Prices and Firm Capital Structure", *Review of Financial Studies*, Vol.27, No.9, 2014, pp: 2690-2735.

Czarnitzk, D., and C., Lopes-Bento, "Innovation Subsidies: Does the Funding Source Matter for Innovation Intensity and Performance? Empirical Evidence from Germany", *Industry and Innovation*, Vol.21, No.5, 2014, pp: 380-409.

Datta, S., M., Iskandar-Datta, and K., Raman, "Managerial Stock Ownership and the Maturity Structure of Corporate Debt", *The Journal of Finance*, Vol. 60, No.1, 2005, pp: 2333-2350.

Degeorge, F., Y., Ding, and T. H., Stolowy, "Analyst Coverage, Earnings Management and Financial Development: An International Study", *Journal of Accounting and Public Policy*, Vol.32, No.1, 2013, pp: 1-25.

Diamond, D. W., "Debt Maturity Structure and Liquidity Risk", *The Quarterly Journal of Economics*, Vol.106, No.3, 1991, pp: 709-737.

Duchin, R., O. Ozbas, and B. A. Sensoy, "Costly External Finance, Corporate Investment, and the Subprime Mortgage Credit Crisis", *Journal of Financial Economics*, Vol.97, No.3, 2010, pp: 418-435.

Duguet, E., "Are R&D Subsidies a Substitute or a Complement to Privately Funded R&D? Evidence from France Using Propensity Score Methods for Non-Experimental Data", *Working Paper*, 2003.

Erel I., B. Julio, W. Kim, and M. S. Weisbach, "Macroeconomic Conditions and Capital Raising", *Review of Financial Studies*, Vol. 25, No.2, 2012, pp: 341-376.

Faccio, M., "Politically Connected Firms", *American Economic Review*, Vol. 96, No.1, 2006, pp: 369-386.

Fan, J. P. H., S. Titman, and G. Twite, "An International Comparison of Capital Structure and Debt Maturity Choices", *Journal of Financial and Quantitative Analysis*, Vol.47, No.1, 2012, pp: 23-56.

Fazzari, S., G. Hubbard, and B. Petersen, "Financing Constraints and Corporate Investment", *Brooking Papers on Economic Activity*, Vol. 1, 1988, pp: 141-206.

Flannery, M. J., and A. A. Protopapadakis, "Macroeconomic Factors Do Influence Aggregate Stock Returns", *Review of Financial Studies*, Vol.15, No.3, 2002, pp.751–782.

Flannery, M. J., "Asymmetric Information and Risky Debt Maturity Choice", *The Journal of Finance*, Vol, 41, No.1, 1986, pp: 19–37.

Frank, M. Z., and V. K. Goyal, "Testing the Pecking Order Theory of Capital Structure", *Journal of Financial Economics*, Vol.67, No.2, 2003, pp: 217–248.

Gallo, L. A., R. N. Hann, and C. Li, "Aggregate Earnings Surprises, Monetary Policy, and Stock Returns", *Journal of Accounting and Economics*, Vol.62, No.1, 2016, pp: 103–120.

Gan, J., "Collateral, Debt Capacity, and Corporate Investment: Evidence from a Natural Experiment", *Journal of Financial Economics*, Vol.85, No. 3, 2007, pp: 709–734.

Garcia –Appendini, E., and J. Montoriol –Garriga, "Firms as Liquidity Providers: Evidence from the 2007~2008 Financial Crisis", *Journal of Financial Economics*, Vol.109, No.1, 2013, pp: 272–291.

Gilbert, T., "Information Aggregation around Macroeconomic Announcements: Revisions Matter", *Journal of Financial Economics*, Vol.101, No.1, 2011, pp: 114–131.

Gkougkousi, X., "Aggregate Earnings and Corporate Bond Markets", *Journal of Accounting Research*, Vol.52, No.1, 2014, pp: 75–106.

Gonzalez, X., J., Jaumandreu, and C., Pazo, "Barries to Innovation and Subsidy Effectiveness", *Rand Journal of Economics*, Vol.36, No.4, 2005, pp: 930–950.

Goyal, V. K., and W. Wang, "Debt Maturity and Asymmetric Information: Evidence from Default Risk Changes", *Journal of Financial and Quantitative Analysis*, Vol.48, No.3, 2013, pp: 789–817.

Gulen, H., and M. Ion, "Policy Uncertainty and Corporate Investment", *Review of Financial Studies*, Vol.29, No.3, 2016, pp: 523–564.

Guo, D., Y., Guo and K., Jiang, "Government–subsidized R&D and Firm Innovation: Evidence from China", *Research Policy*, Vol.45, 2016, pp: 1129–1144.

Hall, B., "The Financing of Research and Development", *Oxford Review of Economic Policy*, Vol.18, No.1, 2002, pp: 35–51.

Harford, J., K., Li, and X., Zhao, "Corporate Boards and the Leverage and Debt Maturity Choices", *Working Paper*, *University of Washington*, 2006.

He, W., and M. Hu, "Aggregate Earnings and Market Returns: International Evidence", *Journal of Financial and Quantitative Analysis*, Vol.49, No. 4, 2014, pp: 879–901.

Hirshleifer, D., K. Hou, and S. H. Teoh, "Accruals, Cash Flows, and Aggregate Stock Returns", *Journal of Financial Economics*, Vol.91, No. 3, 2009, pp: 389–406.

Holmstrom, B., "Agency Costs and Innovation", *Journal of Economic Behavior and Organization*, Vol.12, No.3, 1989, pp: 305–327.

Hong, J., B., Feng, Y., Wu, and L., Wang, "Do Government Grants Promote Innovation Efficiency in China's High–tech Industries?", *Technovation*, Vol.57–58, 2016, pp: 4–13.

Hsu, P., X., Tian, and Y., Xu, "Financial Development and Innovation: Cross–country Evidence", *Journal of Financial Economics*, Vol.112, No. 1, 2014, pp: 116–135.

Huang, Q., M. S., Jiang, and J. Miao, "Effect of Government Subsidization on Chinese Industrial Firms' Technological Innovation Efficiency: A Stochastic Frontier Analysis", *Journal of Business Economics and Management*, Vol.17, No.2, 2016, pp: 187–200.

Hud, M., and K., Hussinger, "The Impact of R&D Subsidies during the

Crisis", *Research Policy*, Vol.44, 2015, pp: 1844-1855.

Ivashina, V., and D. Scharfstein, "Bank Lending during the Financial Crisis of 2008", *Journal of Financial Eocnomics*, Vol. 97, No.3, 2010, pp: 319-338.

Jensen, M. C., and W. H., Meckling, "Theory of the Firm: Managerial Behavior, Agency Costs and Ownership Structure", *Journal of Financial Economics*, Vol. 3, No.1, 1976, pp: 305-360.

Jorgensen, B., J. Li, and G. Sadka, "Earnings Dispersion and Aggregate Stock Returns", *Journal of Accounting and Economics*, Vol.53, No.1-2, 2012, pp: 1-20.

Julio, B., and Y. Yook, "Political Uncertainty and Corporate Investment Cycles", *Journal of Finance*, Vol.67, No.1, 2012, pp: 45-83.

Kahl, M., A. Shivdasani, and Y. Wang, "Short-Term Debt as Bridge Financing: Evidence from the Commercial Paper Market", *The Journal of Finance*, Vol. 70, No.1, 2015, pp: 211-255.

Kahle, K. M., and R. M., Stulz, "Access to Capital, Investment, and the Financial Crisis", *Journal of Financial Economics*, Vol.110, No.1, 2013, pp: 280-299.

Kang, Q., Q. Liu, and R. Qi, "Predicting Stock Market Returns with Aggregate Discretionary Accruals", *Journal of Accounting Research*, Vol.48, No.4, 2010, pp: 815-858.

Kelly, B., L. Pastor, and P. Veronesi, "The Price of Political Uncertainty: Theory and Evidence from the Option Market", *Journal of Finance*, Vol. 71, No.5, 2016, pp: 2417-2480.

Kim, D., and Y. Qi, "Accruals Quality, Stock Returns, and Macroeconomic Conditions", *The Accounting Review*, Vol.85, No.3, 2010, pp: 937-978.

Konchitchki, Y., and P. N. Patatoukas, "Accounting Earnings and Gross

Domestic Product", *Journal of Accounting and Economics*, Vol.57, No.1, 2014a, pp: 76–88.

Konchitchki, Y., and P. N. Patatoukas, "Taking the Pulse of the Real Economy Using Financial Statement Analysis: Implication for Macro Forecasting and Stock Valuation", *The Accounting Review*, Vol.89, No.2, 2014(b), pp: 669–694.

Konchitchki, Y., and Y. Luo, M. L. Z. Ma, and F. Wu, "Accounting–based Downside Risk, Cost of Capital, and the Macroeconomy", *Review of Accounting Studies*, Vol.21, No.1, 2016, pp: 1–36.

Korajczyk, R. A., and A., Levy, "Capital Structure Choice: Macroeconomic Conditions and Financial Constraints", *Journal of Financial Economics*, Vol.68, No.1, 2003, pp: 75–109.

Kothari, S. P., J. Lewellen, and J. Warner, "Stock Returns, Aggregate Earnings Surprises, and Behavioral Finance", *Journal of Financial Economics*, Vol.79, No.3, 2006, pp: 537–568.

Lee, E., M. Walker, and C. Zeng, "Do Chinese Government Subsidies Affect Firm Value?", *Accounting, Organizations and Society*, Vol.39, No.3, 2014, pp: 149–169.

Levine, R., and S., Zervos, "Stock Market, Banks, and Economic Growth", *American Economic Review*, Vol.88, No.1, 1998, pp: 537–558.

Li, N., S. Richardson, and I. Tuna, "Macro to Micro: Country Exposures, Firm Fundamentals and Stock Returns", *Journal of Accounting and Economics*, Vol.58, No.1, 2014, pp: 1–20.

Mansi, S. A., W. F., Maxwell, and D. P., Miller, "Analyst Forecast Characteristics and the Cost of Debt", *Review of Accounting Studies*, Vol.16, No.1, 2011, pp: 116–142.

McLean, R. D., and M. Zhao, "The Business Cycle, Investor Sentiment, and Costly External Finance", *The Journal of Finance*, Vol.69, No.3,

2014, pp: 1377-1409.

Modigliani, F., and M. H., Miller, "The Cost of Capital, Corporation Finance and the Theory of Investment", *American Economic Review*, Vol.48, No. 3, 1958, pp: 261-297.

Myers, S., and N., Majluf, "Corporate Financing and Investment Decisions When Firms Have Information that Investors Do Not Have", *Journal of Financial Economics*, Vol.13, No.2, 1984, pp: 187-221.

Pastor, L., and P. Veronesi, "Uncertainty about Government Policy and Stock Prices", *Journal of Finance*, Vol.67, No.4, 2012, pp: 1219-1264.

Pastor, L., and P. Veronesi, "Political Uncertainty and Risk Premia", *Journal of Financial Economics*, Vol.110, No.3, 2013, pp: 520-545.

Patatoukas, P. N., "Detecting News in Aggregate Accounting Earnings: Implications for Stock Market Valuation", *Review of Accounting Studies*, Vol. 19, No.1, 2014, pp: 134-160.

Roberts, M. R., "The Role of Dynamic Renegotiation and Asymmetric Information in Financial Contracting", *Journal of Financial Economics*, Vol.116, No.1, 2015, pp: 61-81.

Sadka, G., and R. Sadka, "Predictability and the Earnings-returns Relation", *Journal of Financial Economics*, Vol.94, No.1, 2009, pp: 87-106.

Savor, P., and M. Wilson, "How Much do Investors Care about Macroeconomic Risk? Evidence from Scheduled Economic Announcements", *Journal of Financial and Quantitative Analysis*, Vol.48, No.2, 2013, pp: 343-375.

Shleifer, A., and R. W., Vishny, "A Survey of Corporate Governance", *The Journal of Finance*, Vol.51, No.1, 1997, pp: 737-783.

Solow, R. M., "Technical Change and the Aggregate Production Function", *Review of Economics and Statistics*, Vol.39, No.3, 1957, pp: 312-255.

Song, K., and Y. Lee, "Long-term Effects of a Financial Crisis: Evidence from Cash Holdings of East Asian Firms", *Journal of Financial and Quan-*

titative Analysis, Vol.47, No.3, 2012, pp: 617–641.

Stiglitz, J. E., and A. Weiss, "Credit Rationing in Markets with Imperfect Information", *American Economic Review*, Vol.71, No.3, 1981, pp: 393–410.

Takalo, T., and T., Tanayama, "Adverse Selection and Financing of Innovation: Is There a Need for R&D Subsidy?", *Journal of Technology Transfer*, Vol.35, 2010, pp: 16–41.

Trombetta, M., and C. Imperatore, "The Dynamics of Financial Crises and its Non–monotonic Effects on Earnings Quality", *Journal of Accounting and Public Policy*, Vol.33, No.3, 2014, pp: 205–232.

Wallsten, S., "The Effects of Government–industry R&D Programs on Private R&D: The Case of the Small Business Innovation Research Program", *Rand Journal of Economics*, Vol.31, No.1, 2000, pp: 82–100.

Wu, W., C., Wu, and O. M., Rui, "Ownership and the Value of Political Connections: Evidence from China", *European Financial Management*, Vol.18, No.4, 2012, pp: 695–729.

Xu, N., X., Xu, and Q., Yuan, "Political Connections, Financing Friction, and Corporate Investment: Evidence from Chinese Listed Family Firms", *European Financial Management*, Vol.19, No.1, 2013, pp: 675–702.

Zuniga–Vicente, J. A., C., Alonso–Borrego, F. J., Forcadell, and J. I., Galan, "Assessing the Effect of Public Subsidies on Firm R&D Investment: A Survey", *Journal of Economic Surveys*, Vol.28, No.1, 2014, pp: 36–67.

索　引

S

商业票据　45，96，117

商业信用　14，20，37，38，39，45，63，
94，96，98，159，161

实体经济 2，3，4，8，11，18，19，23，
25，33，35，65，68，70，92，93，94，
95，96，97，98，99，100，103，118，
121，133

市场化改革　35，38，96，153

税收规避　24，155

税收优惠　30，130，134

顺周期效应　16，17，99

T

投融资期限结构　4，6，7，8，94，95，
96，97，98，153

投资不足　67，68，69，82，83，85，92，
129，153

投资过度　82

投资行为　6，7，8，18，21，23，30，40，
99，127，155，158，160

投资机会　7，15，16，21，22，59，99，
101，103，105，126

投资效率　2，17，21，23，24，82，83，
94，155，156，157，162

投资者保护　40，46，53，56，94

W

违约风险　5，36，40，52，54，94

无形资产　6，82，101，103

X

系统性风险　2，28，33

现金持有　14，20，22，23，24，37，44，
133，136，158，160，163

信贷期限结构　9，35，36，37，38，39，
40，41，43，44，45，47，48，49，50，
51，52，53，54，55，57，58，59，60，
61，62，63，64，65，71，100，153，
162

信贷契约　5，36，40，42，43，57，65，
70，98，111，127，128

信贷融资　21，35，38，40，59，69，70，
71，94，96，133，135，153

信贷资源配置　2，19，35，36，38，52，
65，153，158，159，161

信息不对称　41，42，43，46，52，56，
58，97，111，126，127，129

信息含量　25，26，28

信息披露　13，15，16，17，19，20，27，
29，32，40，41，45，46，128，158，
162

信息透明度　8，9，35，36，37，38，39，
40，41，42，43，44，45，46，47，50，

后　记

　　11 年前，我踏入大学殿堂，从此与会计结下了不解之缘；11 年后，我成为一名大学教师，继续从事会计教学与科研工作。一路走来，有过欢乐、迷茫、忧愁，也体验了奋斗之路的快乐与艰辛，可以说痛并快乐着。此书的创作离不开这 11 年之所学，成稿之际也不禁回忆起这 11 年的求学经历。

　　中国承办奥运之年我考入山东财经大学，终于脱离了"朝六晚十"的高中生活，实现了梦想中的"自由"；可是，入学没多久便感受到知识海洋的广阔，"上知天文，下知地理"的高中知识只是沧海一粟。当时学校正好开设创新实验班，我被选入其中，学校也给我们提供了优惠条件，配备了学校最优质的师资，完成课程学分和英语四六级成绩等要求允许我们提前一年毕业。也许是年轻人所具有的激情，我在大三满足了学校提前毕业的要求，报考了研究生，每天泡自习室准备研究生考试，虽辛苦却充实。不过运气不错，在懵懵懂懂的状况下，我竟然考上了研究生"。

　　2011 年，我拿着研究生录取通知书来到北京交通大学报到，开启了研究生之旅。入学没多久，曾经在本科期间表现良好的我，如今却感受到了压力——自己与研究生同学之间的差距很大，会计研究中采用的方法有些甚至都没听说过，而研究生同学能很熟练地应用，当时真的很担心毕业问题，自己只得默默努力，勤能补拙。这些努力被程小可老师看到，他鼓励我参加硕博连读项目，最终在程老师的支持下，我在研究生入学 1 年之后转成了博士生。读博期间，最痛苦的事莫过于写出来的论文不断被期刊拒稿。对于语文成绩长期停留在及格线的我，写论文已让我十分头疼，经常词穷；好不容易成稿之后，投稿至期刊还不断被拒稿，曾想过放弃，怀疑自己是否适合读博。还好在程老师的鼓励和支持下，我选择相信自己，坚持了下来，越挫越勇，并在程老师的指导下对论文不断地修改完善，最终在毕业之前顺利发表相关论文，达到毕业要求。读博期间，常常与孤独、艰辛为伴，尤其是在香港理工大学访问期间，为了能完成毕业论文，我白天参与项目研究，晚上熬夜写毕业论文，并且春节期间第一次没有回家与父母家人团聚，仍留在香港写毕业论文，虽辛苦孤单，想来却是一次美好的回忆。如今，在给博士生、硕士生授课结束之时，我常常拿王国维《人间词话》的人生三境界"昨夜西风凋碧树，独上高楼，望尽天涯路；衣带渐宽终不悔，为伊消得人憔悴；众里寻他千百度，蓦然回首，那人却在灯火阑珊处"，与学生分享自己读博期间的这些辛苦却有意义的经历。

2016年博士毕业之后，在程小可老师的推荐下，我到中国人民大学跟随王化成老师做博士后研究。我的心里很是激动，因为本科期间学财务管理，了解到王化成老师在财务管理领域的影响力，现在我也可以拜入王化成老师门下，跟着大师做研究，自然很是高兴。在王化成老师的鼓励与指导下，我不断与海外学者进行合作研究，将自己的研究视野国际化。同时在他的指导下，我参与了国家社科基金重大项目（18ZDA073）、国家自然科学基金面上项目（71772173）等课题的申请与研究工作，将自己已有研究不断延伸。两年的时光非常短暂，我不仅在科研方面得到王化成老师的指导与教诲，而且也感受到王化成老师的人格魅力，以及师门文化的感染力与传承。2018年博士后出站后，我来到对外经济贸易大学国际商学院工作，成为一名教师。来对外经济贸易大学之前，我便下定决心，学习王化成老师，传承师门文化。老师对于学生成长的影响不可估量，我自己需不断努力进取，对学生负责，关爱学生的成长，尽我所能地为学生提供成长与发展的平台。

本书完成之际，要感谢奋斗路上各位师长的引导与教诲、朋友的鼓励与帮助，以及家人的支持与陪伴！

感谢王化成老师在我博士后研究期间对我的关照、指导与教诲！在读博期间，便得到您多次指导并参加我博士论文答辩，为我的研究提供了很多建设性意见；而在博士毕业之后，承蒙您关照能够顺利跟随您进行博士后研究，是我人生之幸事。跟您做研究的短短两年，被您的博学、严谨、幽默所深深感染，您不仅以严谨的态度要求我们严于律己，更是以谦逊的姿态感染着我们，让我们学会宽以待人。来对外经济贸易大学工作之后，您仍然关心着我的成长与生活。在日后的教学与研究工作中，我一定谨遵您的教诲，成为一名优秀的人民教师。

感谢我的博士导师程小可老师！没有您的推荐，我无法到中国人民大学读博士后，跟随王化成老师进行合作研究。我虽已工作，但您仍时刻关注着我的成长，不断鼓励我在学术上勇攀高峰，今日之成果离不开您对我的谆谆教诲。依然记得我在读博期间第一次写文献综述时是那么的不堪入目，而您却不厌其烦地教我如何梳理文献，如何对文献进行回顾并加以评述。没有您的耐心指导，可能我的博士论文仍是遥遥无期。

感谢本科读书期间孙文刚老师对我的关心与帮助！如今学术成果的取得离不开您在本科期间对我的指导，这为我后续的研究奠定了基础，您是引导我从事会计学术研究的领路人。当年我懵懂无知，时常发邮件向您咨询问题，您都为我一一解答，现在回想起来很多问题都比较低级、缺乏逻辑。并且您一直让我在学习过程中形成系统性框架思维，这对学术研究非常重要。由于我申请提前毕业，很多事情需要与学校教务处等部门沟通，这些协调工作均是您在帮我，是您的关心为我日后的发展铺平了道路。

感谢中国人民大学叶康涛教授、姜付秀教授、汪叔夜教授、周华教授、许年行教授、孟庆斌副教授、宋继文副教授、王雪老师为我在博士后期间提供的学术指导与帮助，诸位老师的治学态度与学术造诣是我学习的榜样！感谢陈君老师、马玉阳老师在博士后日常工作中为我提供的便利。感谢王门、尹美群、胡国柳、孙健、卢闯、佟岩、田高良、马永强、裴益政、邓路、张伟华、黎来芳、刘亭立、陈咏英、于悦、李思飞、卿小权、曹丰、刘向强、刘欢、张修平、潘俊、刘金钊、高鹏、李昕宇、王欣、孙昌玲、侯絮然等师兄师姐师弟师妹们，短短两年的博士后时光，能够认识这么多优秀的同门是我的荣幸。

感谢北京交通大学马忠教授、张立民教授、肖翔教授、张秋生教授、唐方成教授、姚立杰教授、高升好副教授在我攻读博士学位期间对我的指导与帮助！感谢同门郑立东、杨程程、李浩举、李昊洋、姜永盛、杨鸣京、宛晴、韩琳、孙乾、沈昊旻、孙阳、张海燕、孙慧杰、王语、宫宇等小伙伴的陪伴，因为有了你们的陪伴，我的读博期间充满欢乐，不再乏味。

感谢对外经济贸易大学张新民副校长、王铁栋书记、陈德球院长、钱爱民副院长、戚依南副院长、邢小强副院长等领导对我工作的支持与关照！感谢吕文栋教授、王秀丽教授、郑建明教授、祝继高教授、汤谷良教授、张建平教授、蒋屏教授、郝旭光教授、浦军教授、吴革教授、赵秀芝副教授、胡聪慧副教授、韩慧博副教授、任冠华副教授、刘慧龙副教授、刘雪娇副教授、董英杰老师、续芹老师、孙玮老师、马黎珺老师、赵宜一老师、王丹老师、刘鑫老师、刘思义老师等在教学与科研工作中对我的支持与帮助！

感谢我的妻子彭雯博士，谢谢你一直以来对我的鼓励、支持与关爱！我们因学术而结缘，一起逐梦。平日里，科研工作既有压力又耗时间，没能好好陪你，是对你的亏欠，可是你并没有埋怨我，不仅鼓励我安心研究，还时时关心着我的健康。我这一点一滴学术成果的取得离不开你的支持与鼓励，谢谢你的陪伴！我能想到最浪漫的事，就是和你一起慢慢变老！也感谢我的岳父岳母，谢谢你们对雯雯的养育之恩！谢谢你们对我的信任！请二老放心，我会好好疼爱雯雯，也会和雯雯一起好好照顾你们，祝二老健康幸福！

最后，感谢我的父母，你们默默付出，多年来一直坚定地支持着我的求学。每当我有所进步，我便与你们一起分享成长的喜悦，而每当我有所烦恼，你们总是在身旁安慰我、鼓励我。小时候调皮的男孩已经在你们的培育下长大成人。感谢二老的养育之恩，愿你们幸福安康！

不忘初心，方得始终。我将尽自己最大的努力，勇攀学术高峰，用心培养学生，把自己之所学传授给学生，与学生共同成长。

需要说明的是，本书的观点和内容仅是我个人近些年研究的一些成果。由于我个人学识、阅历的不足，某些观点可能有待商榷，书中仍可能有错误和不足之处，部分内容还需进一步完善，敬请读者批评指正！同时，感谢经济管理出版社宋娜主任为本书编辑与出版所付出的努力！

钟　凯

己亥年夏于惠园

专家推荐表

第八批《中国社会科学博士后文库》专家推荐表 1

　　《中国社会科学博士后文库》由中国社会科学院与全国博士后管理委员会共同设立，旨在集中推出选题立意高、成果质量高、真正反映当前我国哲学社会科学领域博士后研究最高学术水准的创新成果，充分发挥哲学社会科学优秀博士后科研成果和优秀博士后人才的引领示范作用，让《文库》著作真正成为时代的符号、学术的标杆、人才的导向。

推荐专家姓名	王化成	电　　话	010-82500576
专业技术职务	教授	研究专长	财务管理
工作单位	中国人民大学	行政职务	
推荐成果名称	货币政策、债务期限结构与企业投资行为研究		
成果作者姓名	钟凯		

　　（对书稿的学术创新、理论价值、现实意义、政治理论倾向及是否具有出版价值等方面做出全面评价，并指出其不足之处）

　　钟凯的博士后研究成果主要探讨了货币政策对企业债务期限结构以及投资行为的影响，具有理论创新与实践意义。理论创新主要体现于丰富了货币政策的微观效应，并且重点关注"短贷长投"的资金期限结构错配问题，而实践方面则对我国货币政策制定的完善以及企业如何应对宏观经济风险具有指导意义。研究成果无政治倾向，具有出版价值。建议未来进一步结合我国"去杠杆"背景，分析货币政策对企业行为的影响。

签字：

2018 年 12 月 30 日

说明：该推荐表须由具有正高级专业技术职务的同行专家填写，并由推荐人亲自签字，一旦推荐，须承担个人信誉责任。如推荐书稿入选《文库》，推荐专家姓名及推荐意见将印入著作。

第八批《中国社会科学博士后文库》专家推荐表 2

《中国社会科学博士后文库》由中国社会科学院与全国博士后管理委员会共同设立，旨在集中推出选题立意高、成果质量高、真正反映当前我国哲学社会科学领域博士后研究最高学术水准的创新成果，充分发挥哲学社会科学优秀博士后科研成果和优秀博士后人才的引领示范作用，让《文库》著作真正成为时代的符号、学术的标杆、人才的导向。

推荐专家姓名	王铁栋	电　话	64493013
专业技术职务	教授	研究专长	工商管理
工作单位	对外经济贸易大学	行政职务	商学院党委书记
推荐成果名称	货币政策、债务期限结构与企业投资行为研究		
成果作者姓名	钟凯		

（对书稿的学术创新、理论价值、现实意义、政治理论倾向及是否具有出版价值等方面做出全面评价，并指出其不足之处）

该博士后研究成果全面分析了货币政策对企业融资与投资行为的影响，拓展了货币政策微观效应的研究框架，具有学术创新和理论价值；同时对于我国货币政策的完善以及企业如何应对货币政策的波动具有指导意义。该成果符合社会主义经济管理论导向，坚持中国特色社会主义研究与方向，具有出版价值。未来研究可进一步考虑不同货币政策工具的作用。

签字：

2018 年 12 月 30 日

说明： 该推荐表须由具有正高级专业技术职务的同行专家填写，并由推荐人亲自签字，一旦推荐，须承担个人信誉责任。如推荐书稿入选《文库》，推荐专家姓名及推荐意见将印入著作。

经济管理出版社
《中国社会科学博士后文库》
成果目录

第二批《中国社会科学博士后文库》（2013 年出版）

序号	书 名	作 者
1	《国有大型企业制度改造的理论与实践》	董仕军
2	《后福特制生产方式下的流通组织理论研究》	宋宪萍
3	《基于场景理论的我国城市择居行为及房价空间差异问题研究》	吴 迪
4	《基于能力方法的福利经济学》	汪毅霖
5	《金融发展与企业家创业》	张龙耀
6	《金融危机、影子银行与中国银行业发展研究》	郭春松
7	《经济周期、经济转型与商业银行系统性风险管理》	李关政
8	《境内企业境外上市监管若干问题研究》	刘 轶
9	《生态维度下土地规划管理及其法制考量》	胡耘通
10	《市场预期、利率期限结构与间接货币政策转型》	李宏瑾
11	《直线幕僚体系、异常管理决策与企业动态能力》	杜长征
12	《中国产业转移的区域福利效应研究》	孙浩进
13	《中国低碳经济发展与低碳金融机制研究》	乔海曙
14	《中国地方政府绩效评估系统研究》	朱衍强
15	《中国工业经济运行效益分析与评价》	张航燕
16	《中国经济增长：一个"被破坏性创造"的内生增长模型》	韩忠亮
17	《中国老年收入保障体系研究》	梅 哲
18	《中国农民工的住房问题研究》	董 昕
19	《中美高管薪酬制度比较研究》	胡 玲
20	《转型与整合：跨国物流集团业务升级战略研究》	杜培枫

第三批《中国社会科学博士后文库》(2014 年出版)

序号	书 名	作 者
1	《程序正义与人的存在》	朱 丹
2	《高技术服务业外商直接投资对东道国制造业效率影响的研究》	华广敏
3	《国际货币体系多元化与人民币汇率动态研究》	林 楠
4	《基于经常项目失衡的金融危机研究》	匡可可
5	《金融创新及其宏观效应研究》	薛昊旸
6	《金融服务县域经济发展研究》	郭兴平
7	《军事供应链集成》	曾 勇
8	《科技型中小企业金融服务研究》	刘 飞
9	《农村基层医疗卫生机构运行机制研究》	张奎力
10	《农村信贷风险研究》	高雄伟
11	《评级与监管》	武 钰
12	《企业吸收能力与技术创新关系实证研究》	孙 婧
13	《统筹城乡发展背景下的农民工返乡创业研究》	唐 杰
14	《我国购买美国国债策略研究》	王 立
15	《我国行业反垄断和公共行政改革研究》	谢国旺
16	《我国农村剩余劳动力向城镇转移的制度约束研究》	王海全
17	《我国吸引和有效发挥高端人才作用的对策研究》	张 瑾
18	《系统重要性金融机构的识别与监管研究》	钟 震
19	《中国地区经济发展差距与地区生产率差距研究》	李晓萍
20	《中国国有企业对外直接投资的微观效应研究》	常玉春
21	《中国可再生资源决策支持系统中的数据、方法与模型研究》	代春艳
22	《中国劳动力素质提升对产业升级的促进作用分析》	梁泳梅
23	《中国少数民族犯罪及其对策研究》	吴大华
24	《中国西部地区优势产业发展与促进政策》	赵果庆
25	《主权财富基金监管研究》	李 虹
26	《专家对第三人责任论》	周友军

第四批《中国社会科学博士后文库》（2015 年出版）

序号	书 名	作 者
1	《地方政府行为与中国经济波动研究》	李 猛
2	《东亚区域生产网络与全球经济失衡》	刘德伟
3	《互联网金融竞争力研究》	李继尊
4	《开放经济视角下中国环境污染的影响因素分析研究》	谢 锐
5	《矿业权政策性整合法律问题研究》	郗伟明
6	《老年长期照护：制度选择与国际比较》	张盈华
7	《农地征用冲突：形成机理与调适化解机制研究》	孟宏斌
8	《品牌原产地虚假对消费者购买意愿的影响研究》	南剑飞
9	《清朝旗民法律关系研究》	高中华
10	《人口结构与经济增长》	巩勋洲
11	《食用农产品战略供应关系治理研究》	陈 梅
12	《我国低碳发展的激励问题研究》	宋 蕾
13	《我国战略性海洋新兴产业发展政策研究》	仲雯雯
14	《银行集团并表管理与监管问题研究》	毛竹青
15	《中国村镇银行可持续发展研究》	常 戈
16	《中国地方政府规模与结构优化：理论、模型与实证研究》	罗 植
17	《中国服务外包发展战略及政策选择》	霍景东
18	《转变中的美联储》	黄胤英

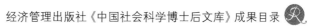

第五批《中国社会科学博士后文库》(2016 年出版)

序号	书　名	作　者
1	《财务灵活性对上市公司财务政策的影响机制研究》	张玮婷
2	《财政分权、地方政府行为与经济发展》	杨志宏
3	《城市化进程中的劳动力流动与犯罪：实证研究与公共政策》	陈春良
4	《公司债券融资需求、工具选择和机制设计》	李　湛
5	《互补营销研究》	周　沛
6	《基于拍卖与金融契约的地方政府自行发债机制设计研究》	王治国
7	《经济学能够成为硬科学吗?》	汪毅霖
8	《科学知识网络理论与实践》	吕鹏辉
9	《欧盟社会养老保险开放性协调机制研究》	王美桃
10	《司法体制改革进程中的控权机制研究》	武晓慧
11	《我国商业银行资产管理业务的发展趋势与生态环境研究》	姚　良
12	《异质性企业国际化路径选择研究》	李春顶
13	《中国大学技术转移与知识产权制度关系演进的案例研究》	张　寒
14	《中国垄断性行业的政府管制体系研究》	陈　林

第六批《中国社会科学博士后文库》（2017 年出版）

序号	书　名	作　者
1	《城市化进程中土地资源配置的效率与平等》	戴媛媛
2	《高技术服务业进口技术溢出效应对制造业效率影响研究》	华广敏
3	《环境监管中的"数字减排"困局及其成因机理研究》	董　阳
4	《基于竞争情报的战略联盟关系风险管理研究》	张　超
5	《基于劳动力迁移的城市规模增长研究》	王　宁
6	《金融支持战略性新兴产业发展研究》	余　剑
7	《清乾隆时期长江中游米谷流通与市场整合》	赵伟洪
8	《文物保护经费绩效管理研究》	满　莉
9	《我国开放式基金绩效研究》	苏　辛
10	《医疗市场、医疗组织与激励动机研究》	方　燕
11	《中国的影子银行与股票市场：内在关联与作用机理》	李锦成
12	《中国应急预算管理与改革》	陈建华
13	《资本账户开放的金融风险及管理研究》	陈创练
14	《组织超越——企业如何克服组织惰性与实现持续成长》	白景坤

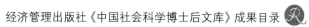

第七批《中国社会科学博士后文库》(2018 年出版)

序号	书 名	作 者
1	《行为金融视角下的人民币汇率形成机理及最优波动区间研究》	陈 华
2	《设计、制造与互联网"三业"融合创新与制造业转型升级研究》	赖红波
3	《复杂投资行为与资本市场异象——计算实验金融研究》	隆云滔
4	《长期经济增长的趋势与动力研究：国际比较与中国实证》	楠 玉
5	《流动性过剩与宏观资产负债表研究：基于流量存量一致性框架》	邵 宇
6	《绩效视角下我国政府执行力提升研究》	王福波
7	《互联网消费信贷：模式、风险与证券化》	王晋之
8	《农业低碳生产综合评价与技术采用研究——以施肥和保护性耕作为例》	王珊珊
9	《数字金融产业创新发展、传导效应与风险监管研究》	姚 博
10	《"互联网+"时代互联网产业相关市场界定研究》	占 佳
11	《我国面向西南开放的图书馆联盟战略研究》	赵益民
12	《全球价值链背景下中国服务外包产业竞争力测算及溢出效应研究》	朱福林
13	《债务、风险与监管——实体经济债务变化与金融系统性风险监管研究》	朱太辉

第八批《中国社会科学博士后文库》(2019 年出版)

序号	书　名	作　者
1	《分配正义的实证之维——实证社会选择的中国应用》	汪毅霖
2	《金融网络视角下的系统风险与宏观审慎政策》	贾彦东
3	《基于大数据的人口流动流量、流向新变化研究》	周晓津
4	《我国电力产业成本监管的机制设计——防范规制合谋视角》	杨菲菲
5	《货币政策、债务期限结构与企业投资行为研究》	钟　凯
6	《基层政区改革视野下的社区治理优化路径研究：以上海为例》	熊　竞
7	《大国版图：中国工业化 70 年空间格局演变》	胡　伟
8	《国家审计与预算绩效研究——基于服务国家治理的视角》	谢柳芳
9	《包容型领导对下属创造力的影响机制研究》	古银华
10	《国际传播范式的中国探索与策略重构——基于会展国际传播的研究》	郭　立
11	《唐代东都职官制度研究》	王　苗

《中国社会科学博士后文库》
征稿通知

为繁荣发展我国哲学社会科学领域博士后事业，打造集中展示哲学社会科学领域博士后优秀研究成果的学术平台，全国博士后管理委员会和中国社会科学院共同设立了《中国社会科学博士后文库》（以下简称《文库》），计划每年在全国范围内择优出版博士后成果。凡入选成果，将由《文库》设立单位予以资助出版，入选者同时将获得全国博士后管理委员会（省部级）颁发的"优秀博士后学术成果"证书。

《文库》现面向全国哲学社会科学领域的博士后科研流动站、工作站及广大博士后，征集代表博士后人员最高学术研究水平的相关学术著作。征稿长期有效，随时投稿，每年集中评选。征稿范围及具体要求参见《文库》征稿函。

联系人：宋　娜

电子邮箱：epostdoctoral@126.com

通讯地址：北京市海淀区北蜂窝 8 号中雅大厦 A 座 11 层经济管理出版社《中国社会科学博士后文库》编辑部

邮编：100038

经济管理出版社